# Staats- und socialwissenschaftliche Forschungen

herausgegeben

von

## Gustav Schmoller.

Achtzehnter Band. Drittes Heft.

(Der ganzen Reihe neunundsiebzigstes Heft.)

J. Boujansky, Die gewerblichen Genossenschaften Belgiens.

Leipzig,
Verlag von Duncker & Humblot.
1900.

# Die gewerblichen Genossenschaften Belgiens.

Von

Joseph Boujansky.

Leipzig,
Verlag von Duncker & Humblot.
1900.

Alle Rechte vorbehalten.

# Inhaltsverzeichnis.

|  | Seite |
|---|---|
| Vorwort. | VII |
| I. Geschichtlicher Überblick über die genossenschaftliche Entwickelung und gegenwärtiger Stand. | 1 |
| II. Die Genossenschaften der Konsumenten | 11 |
|     A. Die parteilosen Genossenschaften. | 11 |
|     B. Die socialistischen Genossenschaften | 26 |
|     C. Die katholischen Genossenschaften. | 53 |
|     D. Die Arbeitsverhältnisse der Angestellten in Konsumentengenossenschaften. | 59 |
| III. Die Genossenschaften der Produzenten. | 65 |
| IV. Einfluſs der Genossenschaften auf Kleingewerbe und Detailhandel | 88 |

# Vorwort.

Die vorliegende Arbeit soll eine Lücke in der nationalökonomischen Litteratur ausfüllen und eine Schilderung der belgischen Genossenschaftsbewegung, die in letzter Zeit so viel von sich sprechen läfst, geben. Die Verschiedenheit in der landwirtschaftlichen und industriellen Entwickelung bringt es mit sich, dafs von einer Genossenschaftsbewegung im allgemeinen nicht die Rede sein kann. Der Verfasser hat sich deshalb auf die Schilderung der gewerblichen Genossenschaften beschränkt und das ländliche Genossenschaftswesen hier unberücksichtigt gelassen. Es war ihm hauptsächlich darum zu thun, an einem neuen Beispiel die relative Bedeutung der verschiedenen Arten der gewerblichen Genossenschaften zu untersuchen und einige in neuester Zeit aufgestellte Sätze an den belgischen Erfahrungen zu verifizieren.

Die Arbeit ist an Ort und Stelle verfafst und beruht zum gröfsten Teile auf einer persönlichen Enquete. Das zerstreute litterarische Material ist recht dürftig und konnte in der Hauptsache nur zur Orientierung dienen.

Es ist dem Verfasser eine angenehme Pflicht, allen denjenigen, welche ihm bei der Arbeit behülflich waren, seinen wärmsten Dank auszusprechen: Herrn Dr. Crüger für die in freundlichster Weise erteilte Erlaubnis, die Bibliothek des Verbandes deutscher Erwerbs- und Wirtschaftsgenossenschaften zu benützen; dem Sektionschef des belgischen Arbeitsamtes, Herrn Ver-Hees, für die zur Verfügung gestellten, die Hilfskassen betreffenden Daten; den Sekretären des socialistischen genossenschaftlichen Verbandes und der katholischen demokratischen Liga, Herren Zéo und Eulenbosch, für das zur Verfügung gestellte, für die Pariser Weltausstellung gesammelte Material.

Ganz besonders empfindet der Verfasser das Bedürfnis, Herrn Professor Schmoller, in dessen Seminar die Arbeit zuerst zum Vortrag gelangte, für das freundliche Interesse, welches er derselben schenkte, auch an dieser Stelle zu danken, und Herrn A. Spiethoff, welcher sich der Mühe unterzogen hat, die Arbeit zu revidieren und dem Fremdendeutsch des Verfassers eine verständlichere Form zu verleihen.

Berlin, Juli 1900.

J. Boujansky.

## I. Geschichtlicher Überblick über die genossenschaftliche Entwickelung und gegenwärtiger Stand.

Das belgische sociale Leben lenkt seit einiger Zeit die Aufmerksamkeit anderer Länder auf sich. Das Interesse, welches der belgischen Socialpolitik, der belgischen Arbeiterbewegung gewidmet wird, ist natürlich, wenn man bedenkt, wie rasch die Entwickelung vor sich geht, wie neu dort viele Erscheinungen noch sind, und wie viel schon geleistet worden ist. Schon die verschiedenen Einflüsse, unter denen die belgische sociale Bewegung sich entwickelt hat, geben dieser ein eigenartiges Gepräge. „Die humanitären Ideen des Aufklärungszeitalters, die politischen Heilslehren der französischen Revolution, die theoretische Hausmannskost der englischen Nationalökonomie und gewisse Lieblingsansichten des Ultramontanismus vermischen sich in Belgien zu einem ganz eigentümlichen Ganzen socialpolitischer Meinungen und Anschauungen"[1]. Die Reform des Wahlrechts, welche einer neuen Partei die Beteiligung am politischen Kampfe ermöglicht hat, brachte diese Meinungsverschiedenheiten zu noch stärkerem Ausdruck. Alles, was mit der Arbeiterbewegung zusammenhängt, wird von diesem Kampfe beeinflufst: Hülfskassen, Gewerkvereine, Genossenschaften sind zu politischen Verbänden geworden, um die sich Anhänger bestimmter Parteien scharen. Mehr als irgendwo steht hier neben dem ökonomischen das politische Moment, das deshalb bei der Beurteilung wirtschaftlicher Erscheinungen mit berücksichtigt werden mufs.

Die belgische Genossenschaftsbewegung hat ein halbes Jahrhundert hinter sich, wenn man von den ersten Versuchen ab rechnet, und ist ein Produkt unserer Tage, wenn eine intensive Entwickelung darunter verstanden werden soll.

Nach der französischen Revolution von 1848 kehrte eine Anzahl belgischer Arbeiter aus Paris nach Belgien zurück und machte für die Produktivgenossenschaften nach französischem

---

[1] Bücher, Die belgische Socialgesetzgebung, in Brauns Archiv, Bd. IV.

Muster Propaganda: Schneider-, Schuster-, Buchdrucker-Genossenschaften wurden gegründet, gingen aber bald unter. In den 60er Jahren dagegen wurden einerseits unter dem Einflusse der Internationale Konsumvereine, andererseits von Handwerkern und Kleinhändlern Volksbanken gegründet. In einem 1869 veröffentlichten Artikel wird unseres Wissens zum erstenmal von belgischen Konsumvereinen gesprochen[1]. Der Verfasser weist darauf hin, dafs unter den Mafsnahmen, welche geeignet seien, der Arbeiterklasse zu helfen, die Konsumvereine besondere Beachtung verdienten, und dafs auch Belgien einige Beispiele ihres ökonomischen, hygieinischen und sittlichen Einflusses aufweisen könne. Es werden drei Arten solcher Genossenschaften unterschieden: 1. Sociétés pour achat de provision, welche zu bestimmten Jahreszeiten Nahrungsmittel und Brennmaterial einkaufen und unter die Mitglieder zum Selbstkostenpreis verteilen. Die älteste — in Mecheln, datiert von 1845, durch königliche Verordnung anerkannt — zählt gegen 300 Mitglieder; die blühendste — mit 2700 Mitgliedern und 50000 fr. jährlichem Umsatz — befindet sich in Antwerpen. 2. Sociétés de consommation, welche unter dem Einflufs der Rochdaler Pioniere entstanden sind. Als Genossenschaft dieser Art wird die „Équité" in Lüttich angeführt, welche einen offenen Laden besitzt und auch an Nichtmitglieder verkauft, und die Genossenschaft von Grivegnée, welche für die Arbeiter einer Eisengiefserei gegründet ist. Hier werden die Gewinne zwischen Kapital und Konsumenten gleichmäfsig verteilt, folglich wird nach dem früheren Beispiele der englischen Genossenschaften verfahren. Einige andere Genossenschaften desselben Typus in der Lütticher Gegend und in Gent sind dem Artikelschreiber auch bekannt. 3. Sociétés d'alimentation économique, einfache Speisehäuser, in denen Mitglieder billig essen können.

Allein diese Versuche haben sich nicht bewährt. Ein officieller Bericht von 1874 sagt: die Konsumvereine seien nicht überall gelungen, die Produktivgenossenschaften beständen in sehr beschränkter Zahl, und nur die Kreditgenossenschaften seien in Blüte[2]. Thatsächlich zählte man 1875 34 Genossenschaften; von ihnen waren 20 Volksbanken, 11 Konsumvereine und 3 Produktivgenossenschaften. Weder einzelne Persönlichkeiten noch die Arbeiterklasse selbst interessieren sich für die neue Wirtschaftsform. Kein Owen oder Schulze-Delitzsch tritt auf. Weder staatliche Experimente, wie in Frankreich, noch Beispiele selbstaufopfernder Thätigkeit, wie in England,

---

[1] Dauby, Les sociétés coopératives de consommation en Belgique Moniteur belge, 1869, décembre.

[2] Rapport sur la situation des sociétés de secour mutuel pendant les années 1872—73. Bruxelles 1874.

oder theoretische Auseinandersetzungen, wie in Deutschland, kommen in Belgien in dieser Zeit vor. Die Gründe für eine solche Indifferenz will man darin finden, dafs erstens der Arbeiter nach Auflösung der Korporationen ganz vereinzelt, ohne mit seinen Genossen in Berührung zu kommen, dastand, ferner darin, dafs seine materielle Lage eine relativ gute war[1]. Ja, viele Arbeiter sollen sich geniert haben, in Konsumvereinen zu billigeren Preisen einzukaufen, weil sie die ganze Organisation für eine Art Wohlthätigkeitsanstalt hielten. Es ist selbstverständlich, dafs auch die Gesetzgebung die einzelnen, sporadisch auftretenden Genossenschaften nicht berücksichtigte, doch kam jene rascher zu stande, als der Umfang der Bewegung annehmen liefs.

Die Handelsgesellschaften Belgiens waren durch den Code de commerce von 1808 geregelt. Derselbe unterschied drei Gesellschaftsarten: die Société en nom collectif = Personenvereinigung, Société anonyme = Kapitalvereinigung und Société en commandite = Vereinigung von Personen und Kapitalien. Am 5. Juni 1865 ging der Kammer ein Gesetzentwurf zu, der die Revision der Regelung der Handelsgesellschaften im Auge hatte. Das Regierungsprojekt, das die Klassifikation des Code de commerce beibehalten hatte, wurde an eine Centralkommission verwiesen und erlitt dabei einige Modifikationen; Gegenstand desselben waren aber lediglich die bereits der älteren Gesetzgebung bekannten Gesellschaftsformen, während die Genossenschaft unberücksichtigt blieb[2]. Bei der ersten Beratung des Gesetzes in der Kammersitzung vom 24. November 1868 erwähnte der Minister des Innern, Pirmez, dafs in letzter Zeit eine neue Art von Gesellschaften viel von sich reden mache, nämlich die Genossenschaften. In Belgien, wo die Bewegung noch jung sei, erhöben sich Stimmen, die sogar ihre specielle Berücksichtigung seitens der Gesetzgebung verlangten, damit ihnen für die Zukunft eine gedeihliche Entwickelung zugesichert werde. Der Minister meinte, die Genossenschaften hätten keinen specifischen juristischen Charakter; sie seien Vereinigungen von kleinen Kapitalien oder von einer Anzahl von Personen, und mit Hülfe der Form der Kollektivgesellschaft könne jede Genossenschaft konstituiert werden. Dem Minister wurde hauptsächlich vom Abgeordneten Couvreur widersprochen, der gegen die Auffassung polemisierte, dafs die Genossenschaft keine eigenartige Gesellschaftsform sei.

---

[1] Léon d'Andrimont, Coopération ouvrière en Belgique, 1876, p. 28.
[2] Zur Geschichte des belgischen Genossenschaftsgesetzes vergl. Berichte der Kammerverhandlungen: Chambre des représentants; documents parlementaires: sessions 1864—66, 1868—71, 1872—73; annales parlementaries: 1868—70, 1872—73; sénat: documents et annales: 1872 bis 1873.

Dennoch meinte er, dafs die **Modifizierung** der Gesetzgebung, betreffend die Handelsgesellschaften, einem speciellen Genossenschaftsgesetz vorzuziehen sei, da für ein solches die Vorbedingungen fehlten. Eine präcise Definition der Genossenschaft sei noch nicht möglich, und eine ungenügende Definition könne schädlich wirken; über verschiedene Fragen seien die Genossenschafter selbst noch nicht einig: so über die Haftpflicht, über die Notwendigkeit eines maximalen oder minimalen Betrages der Anteile, über die Leitung etc. Im Rahmen des Gesetzentwurfes würde es aber den Genossenschaften schwer fallen, sich ihren Wünschen gemäfs zu konstituieren. Auch noch andere Genossenschaftsfreunde fanden sich in der Kammer. In der Debatte wurde besonders betont, dafs die Genossenschaften im Gegensatz zu den Gewerkschaften keine revolutionären Organisationen, sondern friedliche Institutionen seien und schon deshalb besondere Berücksichtigung des Staates verdienten. In der nächsten Session wurde dann vom Justizminister ein Antrag eingebracht, der in das Gesetz neben den drei schon erwähnten Gesellschaftsformen noch eine vierte, die der Genossenschaft einführte. Die Anschauungen hatten sich geändert. Der Berichterstatter **Guillery** führte aus: die Genossenschaft sei eine ganz eigenartige Form, die sich wesentlich von den älteren Handelsgesellschaften unterscheide; sie sei weder eine Vereinigung von Kapitalien, da solche hier fehlten, noch von Personen, welche specielle Kenntnisse oder Talente mitbrächten. „Das einzige, was die Mitglieder hier zusammenbringen können, sind ihre Armuth und ihre Leiden; ihre einzigen Kapitalien sind ihre Hoffnungen, welche die auserwählten Seelen für das Gute, Wahre und Gerechte besitzen"[1]. In Belgien sei die Entwickelung noch sehr schwach, die Initiative fehle, und die Bevölkerung erwarte vieles von der Regierung. Einige Beispiele gesetzgeberischer Thätigkeit anderer Länder lägen vor (es existierten schon in England die Bill vom 7. August 1862, in Frankreich das Gesetz vom 24. Juli 1857, in Preufsen das Gesetz vom 27. März 1867, und der Norddeutsche Bund hatte das Gesetz von 1869); es stehe zwar nicht in der Macht eines Gesetzes, eine neue Bewegung anzubahnen, die Gesetzgebung könne und müsse aber eine mögliche Entwickelung fördern. — Wie verschieden ist diese Rede von den früher gehaltenen! Man hatte der Genossenschaftsbewegung, und zwar einer kaum existierenden, besondere Aufmerksamkeit geschenkt, wobei sich vielleicht ein Druck von unten geltend machte. In Brüssel begann eine politische Bewegung, die der censitären Bourgeoisie egoistische Ausnutzung des Stimmrechts vorwarf. In einem Manifest vom 18. Januar 1866 brachten die Arbeiter ihre Unzufriedenheit

---

[1] Documents parlementaires: chambre, 24 mars 1870.

zum Ausdruck; sie erinnerten an die Revolution von 1830 und betonten, wie wenig die Arbeiterklasse dabei profitiert hätte. Vielleicht war der Umschwung in den Ansichten der regierenden Kreise auch von dieser Bewegung beeinflußt[1]. Die Kammer hatte den Entwurf angenommen, aber im selben Jahre wurde die Kammer aufgelöst; erst in der Session von 1872—73 kam das Gesetz wieder zur Beratung und wurde ohne längere Diskussion angenommen. Heftige Gegner fand es aber im Senat. Es erschien den Mitgliedern des Senats zu frühzeitig, die Bewegung sei neu, einer speciellen Regelung gar nicht bedürftig, und der Mangel an Erfahrungen lasse vieles vielleicht falsch machen. Andererseits sei man noch besonderen Gefahren ausgesetzt: die Vereinigung könne politischen Zwecken dienen und revolutionären Strömungen Obdach gewähren. Der Senat hätte ohne weiteres das Genossenschaftsgesetz fallen gelassen, wenn es nicht gleichzeitig mit der Revision der Gesetzgebung, die Handelsgesellschaften betreffend, zur Beratung gekommen wäre. Man wollte die längst erwartete Revision nicht weiter in die Länge ziehen, und am 18. Mai 1873 wurde der revidierte „titre III livre 1$^{er}$ du code de commerce relatif aux sociétés" veröffentlicht.

Die Bestimmungen sind, kurz zusammengefaßt, folgende:

Bei der Gründung einer Genossenschaft müssen Name, Ort des Sitzes und Ziel bestimmt werden. Die Zahl der Mitglieder darf nicht weniger als 7 betragen, deren Namen veröffentlicht werden müssen. Die Verteilung der Gewinne und die Haftpflicht können von der Genossenschaft bestimmt werden. Falls aber keine speciellen Bestimmungen vorliegen, ist die Haftpflicht eine unbeschränkte, und die Gewinne oder Verluste werden jährlich in zwei Hälften geteilt, von denen die eine pro Kopf der Mitglieder, die andere proportional den Anteilen verteilt wird. Von Gebühren sind die Mitglieder befreit. Die Definition der Genossenschaft ist eine sehr mangelhafte; laut Art. 85 stellt sie „eine Handelsgesellschaft dar, deren Mitgliederzahl und Größe der Anteile veränderlich ist und deren Anteile unübertragbar sind." Damit ist vom wirtschaftlichen Wesen der Genossenschaft nichts gesagt, und wir werden sehen, wie oft in Belgien unter dem Namen einer Genossenschaft die verschiedensten Gesellschaften anderer Art gegründet worden sind. —

Aber auch diese specielle Gesetzgebung schien die Genossenschaftsbewegung wenig anzuregen: es gab am 1. Januar 1878 nur 13 auf Grund des Gesetzes begründete Genossenschaften, unter ihnen 10 Volksbanken. In den 80er Jahren verändert sich plötzlich das Bild: die Beamten gründen

---

[1] Vergl. Ad. de Vos, De la coopération et de la mutualité, Bd. I, S. 129.

Konsumvereine, die Hülfskassen errichten Volksapotheken, die Arbeiterpartei greift zu Genossenschaftsgründungen, als einem neuen Kampfmittel, und 1880 wird der „Vooruit" eröffnet. Bis 1885 wurden jährlich im Durchschnitt 5 Genossenschaften gebildet (Minimum 1880 — 2, Maximum 1881 — 10); seit 1885 wächst ihre Zahl, wie folgt:

(Zusammengestellt nach den Coopérateurs belges, Jahrgänge 1893—99.)

| Jahrgang | 1885 | 1886 | 1887 | 1888 | 1889 | 1890 | 1891 | 1892 |
|---|---|---|---|---|---|---|---|---|
| Zahl der gegründeten Genossenschaften | 13 | 42 | 45 | 33 | 28 | 44 | 53 | 42 |

| Jahrgang | 1893 | 1894 | 1895 | 1896 | 1897 | 1898 | 1899 |
|---|---|---|---|---|---|---|---|
| Zahl der gegründeten Genossenschaften | 58 | 72 | 94 | 179 | 312 | 268 | 175 |

Der grofse Aufschwung in den letzten Jahren mufs mit auf die Entwickelung der landwirtschaftlichen Genossenschaften zurückgeführt werden. Was die gewerblichen anbetrifft, so kann ihre Zahl, beim Mangel einer officiellen Statistik, nur annähernd festgestellt werden. Nach einer officiellen Publikation des belgischen Arbeitsamtes gab es in Belgien Ende 1898 1128 Genossenschaften [1]. Das Ministerium der Landwirtschaft hatte für dasselbe Jahr 567 landwirtschaftliche Genossenschaften registriert [2]. Die Zahl der gewerblichen würde danach ungefähr 561 betragen. Zieht man hiervon die Kredit- und Versicherungsgenossenschaften ab, deren Zahl nicht genau festgestellt werden kann, aber im ganzen nicht bedeutend ist, so kommt man auf über 500 Konsum- und Produktivgenossenschaften. Eins mufs aber bemerkt werden: die Definition des belgischen Gesetzes hatte so wenig die Hauptmerkmale der Genossenschaft zusammengefafst, dafs so ziemlich jede Handelsgesellschaft sich unter dem Namen „Genossenschaft" konstituieren kann. Thatsächlich haben von dieser Möglichkeit verschiedene kapitalistische Unternehmungen Gebrauch gemacht, die die Genossenschafts- der Aktiengesellschaftsform vorzogen, um gewisse Privilegien zu geniefsen. So wurde 1881 eine „Genossenschaft für internationale elektrische Beleuchtung" gegründet und später viele ähnliche, deren Anteile einige tausend fr. betrugen. Auch von den noch jetzt neu aufkommenden Genossenschaften haben viele aufser dem Namen

---

[1] Revue de travail, janvier 1900.
[2] 75 syndicats coopératifs, 269 laiteries coopératives, 223 caisses Raiffeisen, s. Exposé statistique de la situation des associations d'intérêt agricole.

nichts Genossenschaftliches an sich. Nicht nur Belgien kennt solche Übertretungen, — auch in Deutschland, wo die gesetzliche Definition eine viel präcisere ist, sind ähnliche Beispiele zu verzeichnen. „Die Firma ‚Genossenschaft' hat einen guten Klang, das Publikum sieht nicht gleich den Humbug, der sich dahinter verbergen kann"[1]. Natürlich können diese Pseudo-Genossenschaften aus der Statistik nicht ausgeschaltet werden, und schon deshalb entspricht diese nicht ganz dem wirklichen Sachverhalt.

Gehen wir zur Betrachtung der einzelnen Genossenschaftsarten über, so müssen wir einige Worte über die Klassifikation vorausschicken, die uns nicht nur für die Beschreibung, sondern auch für die Beurteilung der Genossenschaften von der gröfsten Bedeutung zu sein scheint.

Schulze-Delitzsch unterschied zwei Hauptarten unter den Arbeiterassociationen: 1. die wirtschaftlichen oder Distributivassociationen, deren Zweck es ist, den Mitgliedern in Verschaffung irgend eines notwendigen Bedürfnisses die Vorteile des Bezugs im grofsen zu verschaffen, eine billigere und bessere Versorgung zu gewähren, wie sie sonst nur der Kapitalist hat (Verein zum Ankauf notwendiger Konsumartikel, Associationen zur gemeinschaftlichen Beziehung von Rohstoffen etc.); 2. gewerbliche oder produktive Associationen, die in den Stand setzen, ein Etablissement mit allen Vorteilen der neueren Betriebsweise zu errichten[2]. Konsumvereine und Produktivgenossenschaften waren seitdem die Hauptformen, die unterschieden und in ihrer Bedeutung verglichen wurden. Die Hauptrolle wurde den letzteren vindiziert, welche nach Schulze-Delitzsch „den Gipfelpunkt des Systems" bilden und auch nach der Auffassung des Kongresses der Internationale von 1866 „die bestehende Ordnung in ihren Grundlagen anfassen" und nicht nur die Oberfläche berühren. Diese Klassifikation erwies sich als unhaltbar, denn es wurden Genossenschaften gegründet, die sich der Produktion widmeten und dennoch keine „Produktivgenossenschaften" waren. Die ersten Konsumvereine in England waren Müllerei- und Bäckereigenossenschaften, und in Belgien fingen fast alle Konsumvereine mit Bäckereien an. Die Genossenschaften selbst fühlten den inneren Widerspruch, den man dadurch zu beseitigen suchte, dafs man solche Genossenschaften „Konsum- und Produktivgenossenschaften" nannte. In den Statuten vieler belgischer Konsumentengenossenschaften findet man neben dem Namen die Bezeichnung: „société de production et de consommation", und einer der Hauptführer der belgischen

---

[1] Dr. Hans Crüger, Der heutige Stand des deutschen Genossenschaftswesens, Berlin 1888, S. 20.
[2] Schulze-Delitzsch, Die arbeitenden Klassen und das Associationswesen in Deutschland, 1858, S. 56.

Genossenschaftsbewegung, Bertrand, sagt: „Zu den Konsumvereinen gehören die genossenschaftlichen Bäckereien, aber unseres Erachtens sind es eher Konsum- und Produktivgenossenschaften: um das Brot zu verkaufen, mufs man es erst backen"[1]. Diese Klassifikation zeigt am klarsten, wie unhaltbar das Einteilungsprinzip von Schulze-Delitzsch ist. Denn wäre es richtig, so müfsten alle Arten der Genossenschaften in der Klassifikation ihren Platz finden, und das Zusammenhausen zweier verschiedener Arten in derselben Gruppe wäre ganz unmöglich. Auch Häntschke[2] hat solche Genossenschaften in seiner Klassifikation nicht unterbringen können; einmal sind sie ihm Produktivgenossenschaften (Konsumenten-Produktivgenossenschaften), andererseits... „dienen sie den Interessen der Konsumenten, wodurch sie sich den Konsumvereinen nähern". Und zweifelsohne handelt es sich hier um Konsumentengenossenschaften, die von keinem Mitglied einer solchen anders aufgefafst werden.

Alle Bemühungen, eine Klassifikation zu schaffen, in der alle Arten Unterkunft finden, waren vergeblich, solange man das Vorkommen oder Nichtvorkommen einer Gütererzeugung als Kriterium beibehielt. Ein anderer Weg wurde von Mifs Potter in ihrem bekannten Buche eingeschlagen. Eine genossenschaftliche Bäckerei oder Brauerei können wir uns auf zwei verschiedene Arten organisiert denken. Eine Zahl Arbeiter — Bäcker, Bierbrauer — tritt zusammen, um nicht als Lohnarbeiter thätig zu sein, sondern als Unternehmer das Geschäft zu betreiben. Sie produzieren nach denselben Prinzipien, wie es früher üblich war, nur dafs der gesamte Arbeitsertrag ihnen zu gute kommt. Es sind **Genossenschaften von Personen, die sich zur gemeinschaftlichen Produktion organisiert haben, Genossenschaften von Produzenten**. Andererseits kann eine Anzahl Arbeiter, um sich billigeres oder besseres Brot oder Bier zu verschaffen, eine eigene Bäckerei oder Brauerei gründen, in der die nötigen Produkte hergestellt werden sollen. **Hier handelt es sich dann um Genossenschaften, die zur gemeinschaftlichen Konsumtion organisiert sind, um Genossenschaften von Konsumenten.** In beiden Genossenschaften wird produziert, und doch ist nicht das Moment der Produktion charakteristisch, vielmehr handelt es sich um die verschiedenen Interessen der beteiligten Gruppen. — Von diesem Prinzip ausgehend unterscheidet Mifs Potter: „1. Genossenschaften von Konsumenten, welche darauf bedacht sind, niedrige Preise und gute Qualität der gemeingebräuchlichen Gebrauchsartikel zu erzielen, indem sie den Gewinn

---

[1] Bertrand, La coopération en Belgique.
[2] Häntschke, Die gewerblichen Produktivgenossenschaften in Deutschland.

des Händlers und des Fabrikanten ausmerzen; 2. Genossenschaften der Produzenten, welche darauf bedacht sind, den vollen Wert ihrer Arbeit zu erhalten, indem sie den Profit des Arbeitgebers beseitigen"[1]. Damit ist der prinzipielle Unterschied der beiden Genossenschaftsarten scharf betont, und eine Konsumentenbäckerei wird danach in dieselbe Gruppe mit einem Verkaufsladen gebracht, dagegen von einer genossenschaftlichen Bäckerei, welche von Bäckern betrieben wird, scharf unterschieden. — Noch genauer hat Oppenheimer, auf demselben Prinzip fufsend, die beiden Arten auseinandergehalten, indem er Käufer- und Verkäufergenossenschaften unterschied. Das Moment der Produktion kommt gar nicht in Betracht; es handelt sich um Personen, welche genossenschaftlich eine Ware kaufen und gemeinsam die Vorzüge eines solchen Einkaufs geniefsen, und um solche, die eine Ware verkaufen und den Gewinn sich aneignen. Die Konsumvereine gehören zu der ersten, die „Produktivgenossenschaften" zu der zweiten Gruppe[2].

Uns erscheint diese Klassifikation als die einzig mögliche und richtige; dennoch müssen wir einige Bemerkungen daran knüpfen. Der strenge Unterschied zwischen den Genossenschaften im Interesse der Konsumenten (Käufergenossenschaften) und im Interesse der Produzenten (Verkäufergenossenschaften) wird durch ein Moment wesentlich modifiziert, nämlich durch den Verkauf an Nichtmitglieder. Jeder Konsumverein, der an Nichtmitglieder verkauft und diesen keine Vorzüge gewährt, wird bis zu einem bestimmten Grade zu einer Verkäufergenossenschaft, wofür die belgischen Volksapotheken ein charakteristisches Beispiel sind. Wie wir sehen werden, erzielen sie ihre Gewinne hauptsächlich durch Verkauf an Nichtmitglieder, weil die Mitglieder oft ihre Medizin unentgeltlich erhalten. Im Interesse einer bestimmten Gruppe von Konsumenten — Hülfskassen- oder Genossenschafts-

---

[1] Potter, Die britische Genossenschaftsbewegung. Deutsche Übersetzung, S. 35.

[2] Dr. Franz Oppenheimer, Die Siedlungsgenossenschaft, 1896, S. 132 ff. Vergl. auch Bernstein, Die Voraussetzungen des Socialismus, S. 100.

Prof. von Philippovich hat in seinem Grundrifs (3. Auflage, S. 158) eine neue Klassifikation vorgenommen. Er unterscheidet: 1. Genossenschaften mit dem Zweck einer Verbesserung der wirtschaftlichen Technik; 2. Genossenschaften zur Erhaltung der wirtschaftlichen Selbständigkeit des Kleinbetriebes in seiner Konkurrenz mit dem Grofsbetrieb; 3. Genossenschaften zur Erhebung der Arbeiter zu wirtschaftlicher Selbständigkeit. — Formal läfst sich gegen eine solche Einteilung nichts einwenden. Ihr fehlt aber ein einheitliches principium divisionis, und zur Beurteilung der Bedeutung jeder einzelnen Genossenschaftsart ein bestimmtes Prinzip, denn wirtschaftliche Technik, Erhaltung der Selbständigkeit, Schaffen einer solchen sind alles volkswirtschaftliche Begriffe, die in ihrer relativen Bedeutung nicht verglichen werden können.

mitgliedern — sind sie gegründet worden, die Möglichkeit aber, den Mitgliedern grofse Vorteile zu gute kommen zu lassen, haben sie gerade, weil sie an weitere Kreise verkaufen, denen gegenüber sie als reine Verkäufer dastehen. Ein anderes Beispiel: viele Konsumvereine haben Produktionsabteilungen, welche nur in geringem Grade für die Genossenschaft produzieren, und deren Produkte in aufserhalb stehenden Kreisen — genossenschaftlichen oder privaten — ihren Absatz finden. So fabriziert z. B. die Genossenschaft von Verviers Kuchen, welche hauptsächlich an andere Konsumvereine verkauft werden, oder die Genossenschaft von Löwen Cigarren, welche nur zum Teil in den Läden der Genossenschaft selbst vertrieben, hauptsächlich aber von anderen Cigarrenhändlern angekauft werden. Die Gewinne kommen der Genossenschaft, also auch den nichtkonsumierenden Mitgliedern zu gute. Es handelt sich hier also nicht um die Interessen der Mitglieder als Konsumenten, die vielmehr nur als Genossen einer verkaufenden Apotheke, also als Unternehmer an dieser Anstalt beteiligt sind; es kommen aber auch die Interessen der Produzenten in keiner Weise in Betracht, denn wie in allen Konsumvereinen sind diese angestellte Lohnarbeiter. Dennoch wird durch diesen Einwand die gegebene Klassifikation nicht hinfällig, denn es handelt sich um ein Übergangsstadium der genossenschaftlichen Entwickelung. Wächst die Mitgliederzahl und der genossenschaftliche Geist, so werden diese aufserhalb stehenden Konsumenten zu Mitgliedern, welche an den Gewinnen der Genossenschaft participieren, und der Verkauf an Nichtmitglieder hört dann auf. Jetzt, wo einzelne Genossenschaften sich mit Handelsoperationen abgeben, die nicht direkt den Interessen ihrer Mitglieder als Konsumenten dienen, sind diese Operationen nicht als genossenschaftliche aufzufassen, sondern als einfaches Mittel, das Einkommen zu vergröfsern. Wie es Gewerkvereine giebt, welche einen Laden besitzen und die erzielten Gewinne dem Gewerkverein zukommen lassen, so giebt es Genossenschaften, die Handel treiben, dessen Gewinn der Genossenschaft zu gute kommt, wie ihr etwa ein Gewinn in der Lotterie oder ein Geschenk zufallen könnte.

Bei der Besprechung der einzelnen Genossenschaften wird der prinzipielle Unterschied beider Genossenschaftsarten schärfer hervortreten. Die einen, welche den Interessen der Konsumenten dienen, befinden sich in steter, gedeihlicher Entwickelung, sie nehmen zu an Zahl, und ihre Verkaufserlöse werden von Jahr zu Jahr gröfser. Die anderen, welche im Interesse der Produzenten gegründet sind, tauchen sporadisch auf und verkümmern. — Es sind lediglich die Konsumvereine, welche in Belgien zur Blüte gelangt sind, und zu ihnen gehen wir nunmehr über.

## II. Die Genossenschaften der Konsumenten.

In der Zeit, da die genossenschaftliche Bewegung Belgiens einen starken Aufschwung nahm — Anfang der 80er Jahre —, sind die für die spätere Entwickelung bedeutendsten Genossenschaften gegründet worden. Die Beamten, welche sich genossenschaftlich organisierten, und die Hülfskassen, welche ihre Apotheken gründeten, hatten nur das eine Ziel im Auge, alle Vorteile des Konsumvereins zu geniefsen. Dagegen hatte der „Vooruit" einen stark ausgesprochen socialistischen Charakter und stellte sich in den Dienst der socialistischen Partei. Alle später gegründeten Genossenschaften schlugen einen dieser Wege ein: entweder begnügten sie sich mit den ökonomischen Vorteilen einer genossenschaftlichen Organisation oder suchten politische Zwecke zu erreichen. Wir müssen daher folgende Arten unterscheiden: 1. die parteilosen Genossenschaften, zu denen hauptsächlich die Volksapotheken und die Konsumvereine der Beamten gehören, 2. die socialistischen Genossenschaften, die am zahlreichsten und bedeutendsten sind, und 3. die katholischen, ein Gegenstück zu den socialistischen, welche Arbeiter der katholischen Partei um sich scharen und die socialistischen Organisationen bekämpfen.

### A. Die parteilosen Genossenschaften.

#### a. Die Beamten-Konsumvereine.

Die Konsumvereine der Beamten sind in verschiedenen Ländern verbreitet. In England wird ihr Ursprung auf einen zufälligen Ankauf von mehreren Regenschirmen zurückgeführt, als ein plötzlicher Regen eine Anzahl Beamten auf der Strafse überraschte. Wir wissen nicht, was die belgischen Beamten bewog, sich genossenschaftlich zu organisieren; so viel ist bekannt, dafs Mitte der 80er Jahre eine Genossenschaft in Brüssel gegründet wurde, die in verschiedenen Städten Filialen eröffnete und sich anfangs darauf beschränkte, Konsumartikel zu verkaufen, ohne eigene Bäckereien oder andere Produktionsabteilungen einzurichten. Diese Genossenschaft, die mit ihren Filialen ein Ganzes bildete, existierte einige Jahre, als sie sich im Jahre 1890 teilte, und jede Filiale in eine selbständige Genossenschaft sich umwandelte. — Schon in den ersten Jahren ihres Bestehens hatten diese Genossenschaften die gröfsten Angriffe zu erdulden. Der Eisenbahnminister — es waren Staatseisenbahnbeamte, die den Anfang mit der Bewegung machten — hatte ständig Deputationen von Kleinhändlern zu empfangen, die über die Konkurrenz der neuen Läden klagten. Ein ministerieller Erlafs regelte deshalb im Jahre 1889 das neue Unternehmen, und unter den verschiedenen Vorschriften war die wichtigste, dafs jeglicher Verkauf an Nichtmitglieder verboten wurde[1]. Dieses Verbot wurde damit motiviert, dafs Staatsbeamten jeglicher Handel untersagt ist, und stellte sachlich lediglich eine Präventivmafsregel dar, da auch schon vorher an Nichtmitglieder nicht verkauft wurde. Doch blieben die noch wenig bedeutenden Genossenschaften vielen ein Dorn im Auge, und bald wurde der Eisenbahnminister in der Kammer interpelliert: man beklage sich überall über die Konkurrenz der Beamten, ihre aufseramtliche Thätigkeit nehme viel Zeit in Anspruch, auf die unteren Beamten werde ein Druck ausgeübt, und sie würden gezwungen, den Genossenschaften beizutreten u. s. w.[2]. Der damalige Eisenbahnminister Vandenpeereboom, der durch keine besonders liberale Gesinnung berühmt geworden ist, mufste sogar seine Untergebenen in Schutz nehmen. Er wies zwar auf verschiedene Gefahren hin, die mit Beamtengenossenschaften verbunden sind: die Leiter machten zu eifrig Propaganda, widmeten einige Zeit der Bureaustunden ihrer Unternehmung und kämen in Versuchung, beim Warenempfang ihre eigenen Waren auf den Stationen zuerst zu berücksichtigen; gegen derartige Verstöfse werde stets streng vorgegangen, aber soweit solche nicht vorkämen, sei es unmöglich, die Zugehörigkeit zu Genossenschaften zu verbieten. Weitere officielle Angriffe sind uns unbekannt.

Anfangs waren es allein die Eisenbahnbeamten, die Verkaufsläden unterhielten; wollten sie auch Beamte anderer Departements hinzuziehen, so war dazu eine besondere ministerielle Genehmiguug erforderlich. Bis jetzt ist diese nicht verweigert worden, und fast alle Beamtengenossenschaften sind „sociétés mixtes", d. h. ihre Mitglieder gehören verschiedenen Diensten an. Es existieren jetzt in Belgien[3]

---

[1] S. Annales parlementaires, Session 1890—91, S. 804.
[2] Annales parlementaires, Session 1890—91, Sitzungen vom 15. und 22. April 1891.
[3] Antwerpen, Brüssel, Gent, Namur, Alost, Roux, Nivelles, Luttre, Louvain, Courcelles, Marcinelle, Ostende, Quievrain, Binche, Jemelle, Arlon.

18 Beamtengenossenschaften mit gegen 10 000 Mitgliedern. Die gröfsten sind:

1. **Union économique in Brüssel**, die älteste Genossenschaft, 1886 gegründet, besteht selbständig seit 1890, nachdem ihre Filialen zu selbständigen Genossenschaften geworden sind. Sie zählt gegen 2400 Mitglieder, besitzt eine Bäckerei und Läden für Kolonialwaren und Kleiderstoffe. In eigenen Werkstätten werden auf Bestellung Schuhwaren und Kleider angefertigt, jedoch findet, wie es auch in anderen Genossenschaften üblich ist, in der Genossenschaft nur das Zuschneiden statt, während das Nähen durch Heimarbeiter erfolgt. Aufserdem wird ein Kohlenlager unterhalten; eine Fleischerei, die früher bestand, konnte, wie überall, der Verluste wegen nicht weitergeführt werden und mufste nach zwei Jahren aufgegeben werden. Die jährlichen Umsätze sind aus folgender Tabelle ersichtlich:

Tableau comparatif
des ventes faites dans le cours des huit derniers exercices sociaux.

| Rayons | 1890—91 | 1891—92 | 1892—93 | 1893—94 | 1894—95 |
|---|---|---|---|---|---|
| Boulangerie | | | 33 782 | 53 323 | 61 765 |
| Epicerie | | 92 800 | 99 862 | 103 357 | 109 321 |
| Draperie | | 73 262 | 73 709 | 66 169 | 66 771 |
| Chap. par. etc. | Période de transition | 20 214 | 22 575 | 20 689 | 19 679 |
| Chaussures | | 24 545 | 23 182 | 20 723 | 19 081 |
| Lingerie | | 25 814 | 27 648 | 24 581 | 23 369 |
| Jouets | | | 817 | 979 | 877 |
| Charbons | | | 31 668 | 37 309 | 44 677 |
| Pommes de terre | | | 3 675 | 2 787 | 2 895 |
| Faïences | | | 605 | 1 165 | 638 |
| Horlogerie | | | 3 262 | 1 939 | 1 887 |
| Confection | | | | | |

| Rayons | 1895—96 | 1896—97 | 1897—98 | 1898—99 |
|---|---|---|---|---|
| Boulangerie | 68 867 | 71 775 | 91 590 | 92 619 |
| Epicerie | 113 567 | 107 905 | 117 782 | 113 621 |
| Draperie | 67 050 | 62 446 | 54 857 | 44 631 |
| Chap. par. etc. | 16 645 | 15 380 | 14 764 | 12 840 |
| Chaussures | 18 970 | 16 461 | 16 357 | 16 528 |
| Lingerie | 28 270 | 25 466 | 26 590 | 23 847 |
| Jouets | 703 | 566 | 744 | 377 |
| Charbons | 46 990 | 43 751 | 56 042 | 57 459 |
| Pommes de terre | 1 821 | 2 423 | 4 317 | 5 195 |
| Faïences | 605 | 758 | 586 | 304 |
| Horlogerie | 1 349 | 780 | 952 | 750 |
| Confection | | | | 1 290 |

Man sieht, daſs die Summen ziemlich stabil geblieben sind, wofür man die Erklärung darin findet, daſs im groſsen und ganzen der Beamte wenig genossenschaftlichen Geist besitzt. Kaum ein Drittel der Mitglieder sind Kunden der Genossenschaft. Die Gründe sind verschieden. Man ist an einen Lieferanten gewöhnt, den man nicht verlassen will, oder der vielleicht zur Verwandtschaft gehört; noch wichtiger ist der Kredit, der in der Genossenschaft nicht gewährt wird, und den der Beamte selten entbehren kann oder will. — Die Haupteinnahme bilden die Kolonialwaren; man beklagt sich, daſs die Werkstätten sich nicht entwickeln können, da die Bestellungen noch immer auſserhalb der Genossenschaft gemacht werden. Die Dividende wird in Geld, nicht in Bons, verteilt, so daſs ein Zwang, weitere Einkäufe zu machen, nicht besteht.

2. **Der Chempostel von Gent** ist nach demselben Prinzip organisiert. Auch hier sind von 1200 Mitgliedern bloſs gegen 700 Kunden der Genossenschaft. Auf alle Waren, Brot inbegriffen, wird eine Rückgewähr von 10 % verteilt (deswegen wird das Brot mit 22 cent. pro Kilo, anstatt 30 im Vooruit, verkauft). Aus der letzten Bilanz geht hervor, daſs der ganze Gewinn verteilt worden ist, da man den Reservefonds für genügend groſs hielt.

3. **Die Antwerpener Genossenschaft** ist die gröſste. Sie zählt 3500 Mitglieder, weist einen Jahresumsatz von einer Million fr. auf und verteilte im letzten Jahre darauf 120 000 fr. Rückgewähr = 12 Prozent.

Die Genossenschaften der Beamten bilden einen Verband, die **société coopérative fédérale**, welcher gewissermaſsen die frühere nationale Genossenschaft ersetzt. Das Ziel des Verbandes ist, Einkäufe im groſsen zu machen und die Waren an die Genossenschaften möglichst billig zu liefern. Aber seine Umsätze sind sehr minimal, trotzdem der gröſste Teil der Genossenschaften (14 mit gegen 6000 Mitgliedern) ihm angehört. Die Genossenschaften kaufen fast alles selbst ein, da ein gewisser separatistischer Geist in ihnen herrscht. Die Genossenschaften der Beamten haben sich ein bescheidenes Ziel gesetzt, — ihren Mitgliedern bessere und billigere Ware zu liefern. Als Beamte fern von jeder politischen Propaganda stehend und durch ministerielle Verbote verhindert, den Verkauf auf Nichtmitglieder zu erweitern, sind sie naturgemäſs in ihrer Entwickelung gehemmt. Aber auch in den erlaubten Grenzen haben sie bei weitem nicht diejenige Ausdehnung, die sie haben könnten, wenn das Beamtenpersonal weniger indifferent wäre. So wurde z. B. die Mitgliederzahl kaum bedeutend gröſser, als das groſse Centraleisenbahnnetz verstaatlicht wurde, und die Leiter beklagen sich ständig über die Gleichgültigkeit ihrer Berufsgenossen.

## b. Die genossenschaftlichen Apotheken.

Diese eigenartigen Genossenschaften sind von den Hülfskassen ins Leben gerufen worden, und es müssen daher einige Worte über diese vorausgeschickt werden.

Die Hülfskassen sind auf Selbsthülfe beruhende Vereine, deren Zweck es ist, ihren Mitgliedern die verschiedensten Hülfeleistungen zu gewähren. Sie haben eine lange Entwickelungszeit hinter sich und verdanken ihre Entstehung der von der belgischen Konstitution garantierten Vereinsfreiheit. In den ersten 20 Jahren ihres Bestehens waren sie noch kaum dem Arbeiterstande zugänglich, und die Ende der 40er Jahre vorhandenen Institute sind aus der freien Initiative einzelner Unternehmer hervorgegangen, ohne besondere Aufmerksamkeit seitens des Publikums oder der Regierung auf sich zu lenken. Erst die revolutionäre Bewegung in Frankreich, die so grofse Besorgnisse einflöfste, liefs zu verschiedenen Mitteln greifen, um den Interessen des Arbeiterstandes zu dienen und auf friedlichem Wege einige Resultate zu erzielen. Hier erregen die Hülfskassen die Aufmerksamkeit des Staates, der eine Kommission beauftragt, die Frage zu studieren, und bald darauf durch das Gesetz von 1851 eine Regelung dieser Vereine vornahm. Das Gesetz trug jedoch wenig dazu bei, die Entwickelung der Hülfskassen zu fördern. Die Vereinsfurcht der Regierung war noch zu grofs, als dafs man den Hülfskassen Autonomie gewähren wollte, ging doch die Kontrolle so weit, dafs Bürgermeistern und Stadträten die Befugnis zustand, den Sitzungen beizuwohnen, obgleich das Gesetz die Thätigkeit auf ein so unschuldiges Gebiet wie das der Krankenversicherung beschränkte. So zogen es auch viele Hülfskassen vor, sich keine gesetzliche Form beizulegen, und schon im Jahre 1853 bestanden neben 13 auf Grund des Gesetzes errichteten Hülfskassen über 200, bei denen dies nicht der Fall war.

Die Kassen begnügten sich nicht mit der ihnen gesetzlich erlaubten Thätigkeit, und die „commission permanente", die als Aufsichtsbehörde gleichzeitig mit dem Gesetz geschaffen war, duldete nicht nur solche Abweichungen, sondern förderte sie sogar[1]. — Die Hülfe in Krankheitsfällen wurde immer schwerer durch die hohen Preise, die von den Apothekern gestellt wurden. Die Fédération der Hülfskassen von Brüssel, welche die Frage aufwarf, auf welchem Wege diese finanziellen Schwierigkeiten zu beseitigen seien, ernannte deshalb eine specielle Kommission, um Mittel zu finden, billigere Arzneien zu beschaffen. Der Vorschlag, durch Krankenhäuser die Medikamente zu beziehen, wurde verworfen, und man kam auf

---

[1] Vergl. Banneux, Manuel d'enseignement de la prévoyance, Bruxelles 1899, p. 8—10. Théate, Les sociétés mutualistes, Louvain 1900, p. 9—12.

den Gedanken, eine eigene Apotheke zu gründen. Der Plan fand starken Anklang, und nachdem verschiedene Schwierigkeiten überwunden waren, wurden 1882 die ersten beiden Apotheken der Brüsseler Fédération eingerichtet. So kamen die Hülfskassen in den Besitz von eigenen Unternehmungen, und wenn die Revision des Gesetzes von 1851 auch aus vielen anderen Gründen notwendig erschien und Ende der 80er Jahre von der Arbeitskommission dringend vorgeschlagen wurde, so spielte bei seiner späteren Beratung gerade dieser Umstand die gröfste Rolle. Im Jahre 1894 wurde der Kammer ein neuer Gesetzentwurf vorgelegt, der eine sehr vielseitige Thätigkeit der Hülfskassen vorsah: Hülfe in Krankheits- und Invaliditätsfällen, Vorschüsse zur Herbeiführung der Möglichkeit, Sparkassen beizutreten und Verkauf von Konsumartikeln, Werkzeugen und anderen notwendigen Artikeln an Mitglieder und ihre Angehörige. Durch einen speciellen Antrag wurden bei der Beratung des Gesetzes die Worte: „mit Ausschliefsung aller Nichtmitglieder" eingefügt und dadurch die Hülfskassen der Möglichkeit beraubt, eventuell Handel zu treiben[1]. Diese kleine Einfügung, die später so viel Staub aufwirbelte, schien der Kammer von keiner besonderen Tragweite zu sein; wenigstens finden sich in den Parlamentsberichten keine Debatten darüber, und die Anhänger des Antrags konstatieren noch jetzt mit einer gewissen Genugthuung, dafs das Gesetz einstimmig in der Kammer und im Senat angenommen worden sei. —

Die Veranlassung zu diesem Antrag Beernaert war hauptsächlich die vermeintlich schlechte Lage des Kleinhandels. Der Antragsteller wies auf die Konsumvereine der Beamten hin, die „Kleinhandel treiben und ihren Mitgliedern dabei alle Vorzüge des Grofshandels gewähren"; die von den Hülfskassen eingerichteten Apotheken machten den Apothekern erhebliche Konkurrenz, und diesen solle hauptsächlich durch den Antrag geholfen werden, ein Standpunkt, den auch der damalige Finanzminister Smeet-de-Nayer vertrat. Letzterer führte aus, der Antrag entspreche ganz dem Sinne des Gesetzgebers, denn wenn das Gesetz gewisse Privilegien „den Mitgliedern und deren Angehörigen gewähre", so seien damit alle Nichtmitglieder von den Vorteilen implicite ausgeschlossen. Das Gesetz wurde also dahin abgefafst, dafs die Mitglieder der Hülfskassen daneben anderen Gesellschaften und Genossenschaften angehören können, dafs die Hülfskassen selbst aber nur Kunden, keineswegs Mitglieder von Genossenschaften sein dürfen. — Um die Tragweite dieser Bestimmung zu verstehen, mufs man bedenken, dafs die Apotheken der Hülfskassen die genossenschaftliche Form angenommen hatten und unter dieses Verbot fielen.

---

[1] S. Loi du 18 mai 1894 portant revision de la loi du 3 avril 1851 sur les sociétés mutualistes. Verhandlungen: Annales parlementaires, chambre et sénat, session 1893—94.

Merkwürdigerweise erhoben sich sogar im Senat Stimmen, die liberaler waren als die Kammermehrheit, denn der Berichterstatter des Senats trat für das Recht der Hülfskassen ein, ihre Kapitalien in Genossenschaften anzulegen, welche ja Steuer zahlten und denselben Gesetzen wie Private unterworfen seien. Die Privilegien, die die Hülfskassen genössen, führte er aus, nämlich die Befreiung von einigen Unkosten, Stempel- und anderen Gebühren, solle man nicht überschätzen; es stände zu fürchten, dafs die Hülfskassen auch fernerhin es vorziehen würden, auf gesetzliche Anerkennung zu verzichten, und dann wäre das ganze Gesetz vergeblich. Doch auch hier behielt die Stimmung, die in der Kammer gesiegt hatte, die Oberhand, und der Entwurf wurde mit dem hinzugefügten Satz zum Gesetz. —

Die neue Mafsregel schien nicht nur die Apotheken zu bedrohen, da verschiedene Hülfskassen auch in anderen Genossenschaften ihre Kapitalien angelegt hatten, wenn auch die ersteren hauptsächlich in Betracht kamen. Schon zwölf Jahre waren vergangen, seitdem die erste genossenschaftliche Apotheke eröffnet worden war, und die Entwickelung hatte grofse Erfolge aufzuweisen, obwohl von Anfang an juristische Schwierigkeiten zu überwinden gewesen waren. Das Genossenschaftsgesetz von 1873 liefs nicht zu, dafs Genossenschaften von Gruppen gebildet werden, und deswegen wurde jede einzelne Hülfskasse durch eins ihrer Mitglieder vertreten. Es war dies nur ein juristischer Kniff, den man sich nicht einmal scheute, öffentlich als solchen hervortreten zu lassen, denn Art. 2 der Statuten lautete: „alle Unterzeichneten, die in ihrem Namen und unter ihrer Verantwortung der Genossenschaft beitreten, sind in Wirklichkeit Vertreter von Hülfskassen, in deren Interessen sie der Genossenschaft angehören werden." Die ersten Versuche fielen sehr günstig aus. Zu den beiden 1882 eröffneten Apotheken kam im folgenden Jahre eine dritte hinzu, und 1887 bestanden in Brüssel neun vom Hülfskassenverband gegründete genossenschaftliche Apotheken, — pharmacies populaires. Das Beispiel fand Nachahmung. In Verviers wurde 1886 die erste gegründet, zu der 1892 eine zweite hinzukam, ebenso in Lüttich und in Charleroi. Der Verkauf an Nichtmitglieder, an das gröfsere Publikum, welches den genossenschaftlichen Apotheken immer mehr Vertrauen schenkte, war dabei eine der Haupteinnahmequellen, und darauf zu verzichten war den Volksapotheken gar nicht möglich. Es ist deshalb verständlich, welchen Sturm das neue Gesetz hervorrief. Sogleich entsagten viele der gesetzlichen Anerkennung, unter ihnen namentlich 27 Hülfskassen der Brüsseler Fédération, die den Volksapotheken treu bleiben wollten[1]. Der Hülfskassen-Kongrefs, der im

---

[1] Le mutuelliste, 15 mars 1894.

selben Jahre in Brügge gehalten wurde, protestierte gegen das Gesetz und faſste den Beschluſs: 1. die Hülfskassen sollen auf eine gesetzliche Anerkennung verzichten; 2. bei den nächsten Wahlen soll nur für Kandidaten gestimmt werden, welche für die Aufhebung des Gesetzes einzutreten versprechen. Hiermit traten die bis dahin von allen politischen Strömungen ferngebliebenen Hülfskassen zum erstenmal in den Wahlkampf ein. Die socialistische Arbeiterpartei hatte sich schon früher gegen das Gesetz geäuſsert, und Vertreter verschiedener anderer Parteien stellten sich auf denselben Standpunkt. —

Während das Gesetz die Hülfskassen in die gröſste Aufregung versetzte, die Führer nicht aufhörten, Protestversammlungen einzuberufen, Deputationen an die Regierung zu senden und die öffentliche Meinung in ihrem Sinne zu beeinflussen, wandte der Apothekerverband seine ganze Kraft daran, eine eventuelle Revision des Gesetzes im Sinne der Hülfskassen zu verhindern. Die Regierung, welche schon in der nächsten Session von verschiedenen Seiten interpelliert wurde, untersuchte die Frage ernsthaft. Das Arbeitsministerium richtete an die Medizinalkommissionen der Provinzen Anfragen, inwieweit die Volksapotheken dem allgemeinen Interesse entsprächen, und merkwürdigerweise waren die erteilten Antworten den genossenschaftlichen Apotheken ungünstig. Es wurde darauf hingewiesen, daſs kein Bedürfnis bestehe, solche Apotheken zu gründen, da jeder Apotheker bei der groſsen Konkurrenz bereit sei, den Hülfskassen Medikamente mit groſsem Rabatt zu liefern. Andererseits seien bei den niedrigen Preisen der Volksapotheken die Waren schlechter; ja, die Kommission von Brüssel äuſserte sich in folgender Weise: mit Rücksicht darauf, daſs die existierenden Apotheken vollständig den Bedarf decken, daſs die Volksapotheken nicht von den Besitzern selbst, sondern von angestellten Apothekern verwaltet werden und folglich dem Publikum weniger Garantieen bieten, mit Rücksicht darauf, daſs diese Verwaltung immer mit Recht bekämpft worden ist, daſs die Hülfskassen ihre Apotheken aus kommerziellen Rücksichten exploitieren, daſs dieselben überflüssig werden, wenn der Staat den Verkauf von Arzneien an Hülfskassen regelt, ist die Erhaltung der Volksapotheken nicht wünschenswert, und jegliche Privilegien dieser „antisocialen und antiökonomischen" Institutionen sind überflüssig[1]. Wir werden später diese Einwände prüfen, jetzt aber den weiteren Gang des Schicksals der Volksapotheken selbst verfolgen.

Das Gesetz von 1894 setzte eine Frist von einem Jahre zur gesetzlichen Konstituierung derjenigen Hülfskassen, deren Statuten der neuen Regelung widersprachen; die Frist wurde nicht beachtet, und zwei spätere Gesetze vom 11. September 1895

---

[1] Rapports des commissions médicales provinciales, 1896.

und 18. Dezbr. 1896, welche Aufschub gewährten, erreichten ebensowenig ihr Ziel. Die Lage der Hülfskassen wurde eine illegale; sie hatten noch oder erwarben von neuem Anteile der Volksapotheken und zogen es eher vor, sich nicht gesetzlich zu konstituieren als sich ihrer Anteile zu entäufsern; aber nachdem sie an die Regierung die Bitte gerichtet hatten, ihnen Mittel zu zeigen, die Form der juristischen Persönlichkeit abstreifen zu können, ohne aufgelöst zu werden, sah sich die Regierung genötigt, auf ein Kompromifs einzugehen. Bis dahin erhielten die Hülfskassen Subventionen vom Staat. Dieses Privileg sollte fortan nur solchen noch erteilt werden, die „keinen Handel treiben", die also weder Anteile von Genossenschaftsapotheken noch von anderen Genossenschaften besafsen. Ein von der Regierung verfafster Gesetzentwurf ging dahin, den Hülfskassen zu erlauben, sich indirekt, aber unter Verlust der Staats- und Kommunalsubventionen an den Volksapotheken zu beteiligen[1]. — Diesmal war die Kammer ganz anders gestimmt als bei Annahme des Gesetzes von 1894. Jene Einstimmigkeit war nicht mehr vorhanden, es war klar, dafs man sich damals der Tragweite des Gesetzes nicht bewufst gewesen war. —

Der Entwurf wurde von beiden Seiten bekämpft, der einen erschien er zu hülfskassenfreundlich, der anderen im Gegenteil viel zu feindlich. Die ersten übten eine sehr strenge Kritik. In langen Reden wurde hervorgehoben, dafs der Entwurf über das Ziel, das lediglich in der gegenseitigen Unterstützung der Mitglieder bestehe, hinausgehe, da den Hülfskassen die Erlaubnis erteilt werde, Unternehmergewinne zu machen. Man erhob Einspruch dagegen, dafs ein ungesetzlicher Zustand, den die Hülfskassen verschuldet, legalisiert werde, hauptsächlich aber trat man für die Interessen der privaten Apotheken ein, welche den Hülfskassen immer entgegengekommen seien[2]. Alle früher erhobenen Einwände, wie fragliche Billigkeit und schlechte Verwaltung, wurden auch jetzt wiederholt. — Ebenso feindlich standen auch die Genossenschafter dem Entwurf gegenüber, die bei dieser Gelegenheit Kritik an den früher gegen die Volksapotheken gerichteten Anfechtungen übten. Die Gegner der Volksapotheken widersprächen sich, indem sie einmal behaupteten, dafs durch die niedrigen Preise die Volksapotheken die Konkurrenz unmöglich machen, andererseits aber betonten, dafs die Preise eigentlich gar nicht niedriger seien und folglich der Nutzen problematisch wäre. Dieser Widerspruch zeige, dafs es sich nicht um allgemeine, sondern um die Privatinteressen der Apotheker handele, und es scheine am einfachsten, das

---

[1] S. Projet de loi apportant des modifications à la loi du 23 juin 1894 in Documents parlementaires, session 1897—98.

[2] Annales parlementaires, session 1897—98. Sitzungen: 23. und 24. Dezember 1897, 18.—28. Januar 1898.

Verbot, an Nichtmitglieder zu verkaufen, aufzuheben und keine anderen Bestimmungen einzuführen[1].

Dennoch war der Entwurf ein Fortschritt, denn obgleich er die handeltreibenden Hülfskassen von den Subventionen ausschloſs, gab er ihnen doch die Möglichkeit, anerkannt weiterzubestehen und dabei den Volksapotheken anzugehören. Es ist wahr, die Ausschlieſsung zeigte den Hülfskassen wenig Freundlichkeit, denn wie auch in der Kammer betont wurde, werden die viel weniger nützlichen Vereine, die sich mit Pferdesport und Wettschieſsen beschäftigen, subventioniert, ganz abgesehen davon, daſs ja die Subventionen lediglich kranken und invaliden Mitgliedern zu gute kommen und folglich mit der Handelskonkurrenz nichts zu thun haben. Aber abgesehen von dem Verlust eines relativ unwichtigen Privilegs war den Hülfskassen durch den Regierungsentwurf die freie Bethätigung bei den Volksapotheken zugesichert. Anders aber dachte die Centralkommission der Kammer, die nicht zulassen wollte, daſs gesetzlich anerkannte Genossenschaften Handel treiben und daher den Antrag stellte, daſs diejenigen Hülfskassen, welche vor dem Gesetz von 1894 Anteile von Volksapotheken, die ans Publikum verkaufen, besaſsen, dieselben behalten können, dann aber auf gesetzliche Anerkennung verzichten müssen. Damit verlieren sie das Recht der juristischen Persönlichkeit und alle damit verbundenen Vorzüge; subventioniert können sie eo ipso nicht werden, da ja nach der neuen Vorlage nur anerkannte Hülfskassen sich um solche Unterstützung bewerben können. — Die Kammer nahm die Beschlüsse der Kommission an, und wenn sich im Senat auch Stimmen für die Regierungsvorlage erhoben, so war doch auch hier die groſse Mehrheit für den Kommissionsbeschluſs, welcher dann zum Gesetz erhoben wurde.

Die verschiedenen Angriffe auf die Genossenschaftsapotheken sind nur eine Episode im Kampf gegen die genossenschaftliche Organisation überhaupt. In einem Gesetzentwurf, der bald der belgischen Kammer vorliegen wird, der aber gar keine Aussicht hat durchzukommen, werden die genossenschaftlichen Apotheken indirekt auch angegriffen, indem speciell von der Regierung bestätigte Apotheken (pharmacies agréées du gouvernement) projektiert werden, die den Hülfskassen alles Nötige zu bestimmten Preisen liefern sollen[2].

Inwieweit die Regelung des Apothekenwesens in Belgien eine Notwendigkeit ist, bleibt natürlich eine Frage für sich. Es sei hier nur bemerkt, daſs in Belgien keine Konzessions-

---

[1] Annales parlementaires, session 1897—98. Sitzungen: 23. bis 24. Dezember 1897, 18.—28. Januar 1898.

[2] Vergl. Projet de loi sur l'exercice de l'art de guérir, Rapport de la commission. Bruxelles 1899.

pflicht besteht; vielmehr hat jeder diplomierte Apotheker das Recht, eine „officine" zu eröffnen, und die Zahl der letzteren ist in den Grofsstädten deshalb eine ungeheure. Jedenfalls wurden und werden die Volksapotheken auch von den Anhängern des jetzigen Systems, das also den Konzessionszwang verwirft, aufs heftigste bekämpft. Und doch kann man ihnen nichts Anstöfsiges vorwerfen, denn sie sind die reinsten Konsumentengenossenschaften, die durch Bezug im grofsen und durch geringe Anforderungen an die Profitrate die Möglichkeit haben, billiger zu verkaufen. Die Mitglieder erhalten nach Jahresschlufs ihren Gewinnanteil im Verhältnis zur Einkaufssumme bemessen; der Verkauf an Nichtmitglieder ist es, der die billigeren Preise der Volksapotheken ermöglicht.

Es ist wahr, dafs auch die Privatapotheken geneigt waren, ihre Preise herabzusetzen, als die Volksapotheken eröffnet wurden, aber mit Recht erblickte man darin nur einen taktischen Zug, der den Genossenschaften die Existenz erschweren, ihnen die Konkurrenz unmöglich machen sollte, um später die „Apothekerrechnungen" wieder vorlegen zu können. In Belgien, wo man für dieselbe Medizin in zwei Apotheken nie denselben Preis bezahlt, da kein gesetzlicher Tarif besteht, sind die Genossenschaften von der gröfsten Bedeutung. Die beigefügte Tabelle zeigt, wie verschieden diese Preise sind:

| Medikamente | Alkohol 92° | Senf | Jod | Alcohol camphré |
|---|---|---|---|---|
| | Liter | kg | g | Liter |
| Tarif der genossenschaftlichen Apotheke | 3,20 | 1,20 | 1,50—100 | 5,00 |
| Tarif der Fédération } vor den Genoss. | 4,50 | 2,40 | 2,25 | 4,50 |
| der Privatapotheken } nach den Genoss. | 2,50 | 1,20 | 1,20 | 3,50 |

Diese Tabelle, vom Brüsseler Hülfskassenverband verfafst, zeigt, wie unter dem Einflufs der neuen Apotheken verschiedene teuere Medikamente dem Publikum zugänglicher geworden sind. Dadurch ist es auch zu erklären, dafs z. B. in Lüttich vor 1886 — dem Gründungsjahre der genossenschaftlichen Apotheke — nur eine einzige Hülfskasse ihren Mitgliedern unentgeltliche Medikamente bot, jetzt aber 19[1]. Ebenso wurden in den Apotheken der Kohlengruben, die auf Kosten der Bergwerksbesitzer den Arbeitern die Medikamente gratis lieferten, vor Entstehen der Volksapotheken verschiedene Arzeneien als zu teuer nicht geführt, und in Gent brauchten die Arbeiter stets Hausmittel, solange sie auf Privatapotheken

---

[1] Le mutuelliste, 1. janvier 1898.

angewiesen waren. Was den Verkauf an Nichtmitglieder
betrifft, so wäre die Aufhebung dieser Erlaubnis in doppelter
Hinsicht schädlich, denn erstens würde ein grofser Teil der
ärmeren Bevölkerung vom Gebrauch der billigen Arzneien
der Volksapotheken ausgeschlossen, da nicht jeder einer Hülfskasse angehören kann. Diese vermögen ihren Statuten zufolge
Personen, welche ein gewisses Alter überschritten haben, nicht
aufzunehmen, ebensowenig solche, die an unheilbaren Krankheiten leiden, und auch die, welche zu arm sind, um Beiträge
zu zahlen, sind leider ausgeschlossen. Anderseits würden
natürlich die Gewinne der Volksapotheken kleiner werden und
demgemäfs die an die Hülfskassen verteilten Summen, welche
ja auch gemeinnützigen Zwecken dienen. Es ist hiernach
verständlich, weshalb sich weite Kreise gegen das in Frage
stehende Verbot sträubten. Nach diesen Bemerkungen wollen
wir noch einen Blick auf einige uns bekannte genossenschaftliche Apotheken werfen.

1. **Pharmacies populaires, Brüssel.** Wie schon
erwähnt, sind die ersten Volksapotheken Brüssels vorbildlich
für alle übrigen geworden. 35 Hülfskassen vereinigten sich in
der Hoffnung, in eigenen Apotheken billigere Arzneien zu erhalten. Die Anteile wurden auf 3 fr. pro Mitglied festgestellt und sollten von den Hülfskassen aufgebracht werden,
welche allein die Gewinne der Unternehmung erhalten sollten[1].
Während des Jahres 1881 hatte man etwa 12 000 fr. zusammengebracht, mit deren einem Teil man die erste Apotheke
eröffnete. Die Unternehmung gedieh vom ersten Moment an;
wenigstens finden wir keine Verluste, wenn anfänglich auch
keine grofsen Gewinne erzielt wurden. Nach den Statuten
wird der Reingewinn in zwei Hälften geteilt, von denen die
eine dem Reservefonds überwiesen, die andere unter die
Mitglieder verteilt wird (Art. 29). Die Administration besteht
aus 21 Mitgliedern und wird von drei Delegierten kontrolliert.
Die Haftung ist eine beschränkte, die übliche Art der belgischen
Konsumentengenossenschaften. Was die Resultate anbetrifft,
so sind sie am besten aus der beigefügten Tabelle ersichtlich.
Zur Zeit besitzt die Genossenschaft 9 Apotheken und einen
Centralladen, dem ein Laboratorium beigefügt ist. Die verteilte Rückgewähr ist nicht auf einen bestimmten Prozentsatz
festgesetzt und wächst von Jahr zu Jahr: sie erreichte
70 Prozent im letzten Jahre.

(Hierzu die Tabelle S. 23.)

Diese Tabelle, die nach verschiedenen Berichten zusammengestellt wurde, ist nicht ohne Interesse. Sie zeigt,

---

[1] S. Société coopérative des pharmacies populaires de Bruxelles
Historique 1889 und 1897.

| Jahrgänge | 1882 fr. | 1887 fr. | 1897 fr. | 1899 fr. |
|---|---|---|---|---|
| Verkaufserlös | 32 926 | 151 294 | 352 642 | 436 473 |
| An Mitglieder verkauft | 9 914 \| 31 % | 32 910 \| 22 % | 202 683 \| 57 % | 259 052 \| 59,5 % |
| An Nichtmitglieder | 22 505 \| 79 % | 107 860 \| 78 % | 149 958 \| 43 % | 177 421 \| 40,5 % |
| Gewinn | 5 196 | 48 282 | 135 397 | 190 660 |

dafs der Verkaufserlös um das Dreizehnfache gestiegen ist, der verteilte Gewinn um das Achtunddreifsigfache [1].

Als Beispiel für die von den Hülfskassen erzielten Vorteile können wir anführen, dafs eine von ihnen („la fraternelle Belge"), deren Mitglieder im Jahre 1896 für über 13 000 fr. Medizin bezogen hatten, 8000 fr. als Rückgewähr zurückerstattete, obgleich, wie schon erwähnt, die Preise erniedrigt waren [2]. Die anfangs bestimmte Verteilung der Gewinne — eine Hälfte den Mitgliedern, die andere dem Reservefonds — wird jetzt nicht befolgt, und mit Ausnahme eines kleinen Abzuges für den Reservefonds wird alles verteilt. So kam es, dafs die Mitglieder viele Medikamente unter dem Selbstkostenpreis erhielten, — natürlich durch den Verkauf an Nichtmitglieder, die keinerlei Rückgewähr beziehen.

Es ist aufser Zweifel, dafs die Volksapotheken von Brüssel grofsen Segen gestiftet haben, und hoffentlich werden sie nicht mehr unter den Angriffen verständnisloser oder persönlich interessierter Gegner zu leiden haben.

2. Die genossenschaftlichen Apotheken in Gent gehören ebenfalls den Hülfskassen (Vrije Bond der Ziekenbeursen), welche hier seit 1891 existieren und ihren Mitgliedern gegen halbmonatliche Kotisation von 5 cent. unentgeltliche medico-pharmaceutische Behandlung gewähren. Die gesamten Hülfskassen besitzen drei Apotheken, welche den Mitgliedern unentgeltlich Medikamente liefern, sei es nach Verordnung der angestellten oder anderer Ärzte. Eine neunjährige Erfahrung hat gezeigt, dafs es den Hülfskassen unmöglich wäre, die Kosten zu decken, wenn sie nicht im Besitz eigener Apotheken sich befänden, und wenn der Verkauf an das Publikum verboten wäre. — Gegenwärtig sind über 5000 Mitglieder an diesen Organisationen beteiligt.

---

[1] Die Veränderung in der Kundschaft zwischen Mitgliedern und Nichtmitgliedern erklärt sich dadurch, dafs seit 1892 die Hülfskassen in Brüssel auch für die Angehörigen ihrer Mitglieder unentgeltlichen pharmaceutischen Dienst eingeführt haben, welche jetzt als Mitglieder angesehen werden, und deshalb ist der Anteil der Mitglieder-Konsumenten jetzt gröfser als der der Nichtmitglieder.

[2] S. L. mutuelliste, Januar 1898.

3. **Pharmacies fédérales de Charleroi**[1]. Ende 1893 kam auch den Hülfskassen von Charleroi der Gedanke, dem Beispiel anderer Städte zu folgen und eine eigene Apotheke zu gründen. Die Meinungen waren geteilt; man fürchtete teils die Reserven der Hülfskassen aufs Spiel zu setzen, teils fand man die neue Institution überflüssig. Doch waren die anderwärts erzielten Erfolge zu glänzend, als dafs nicht ein Versuch gewagt werden konnte. Auch hier hatte man als erstes Ziel im Auge, billigere Medikamente sich zu verschaffen und später dann — mit Hülfe erzielter Gewinne — eine Altersversicherungskasse zu gründen. 18 Hülfskassen traten zusammen und brachten bei einer Kotisation von 1 fr. 50 cent. pro Mitglied die Summe von 6000 fr. auf. Man ging sehr rasch zu Werke und konnte schon im April 1874 die Apotheke eröffnen. — Aber die Hoffnungen, welche man auf das neue Unternehmen gesetzt hatte, wollten sich anfangs nicht erfüllen; wenigstens schlossen die Bilanzen der ersten Jahre mit Verlusten ab. Um die Möglichkeit zu gewinnen, mehr im grofsen zu operieren, wurde im August 1895 eine zweite Apotheke in Jumet eröffnet, deren Verwaltung jedoch nicht geeignet war, Erfolge zu erzielen, und ein Deficit von 1400 fr. war deshalb das Resultat der Bilanz von 1895. Der Mifserfolg erklärt sich hauptsächlich durch die starke Konkurrenz der Privatapotheken und das Mifstrauen des Publikums. Erstere setzten sofort ihre Preise herab, und in Jumet wurde sogar eine Art Trust gebildet; das Publikum, teils gleichgültig, teils mifstrauisch, hielt sich in der Hauptsache fern. Es ist von Interesse, dafs die Leiter gerade hierauf das höchste Gewicht legten und damit den Mifserfolg den übrigen Städten gegenüber erklärten. Die Hülfskassen dieser letzteren hatten unentgeltlichen mediko-pharmaceutischen Dienst eingeführt, so dafs die gesamten Mitglieder ihre Medikamente aus den Volksapotheken beziehen mufsten; auf diese Weise war z. B. in Verviers eine Kundschaft von 5—6000 Personen gesichert, und in Brüssel war diese Zahl noch gröfser. In Charleroi hatte nur eine Hülfskasse diesen Modus gewählt, und die Apotheken waren deshalb in höherem Mafse als anderswo aufs Publikum angewiesen. Es wiederholte sich hier die Erfahrung, die auch bei anderen Konsumentengenossenschaften gemacht ist, dafs nämlich die gedeihliche Entwickelung ganz allgemein in erster Linie von einer gesicherten Kundschaft abhängt. Jedoch haben in den letzten Jahren auch die beiden hier behandelten Apotheken Gewinne aufzuweisen, wie aus der folgenden Tabelle ersichtlich ist.

---

[1] Privatberichten entnommen.

| Jahrgang | 1894 fr. | 1895 fr. | 1896 fr. | 1897 fr. | 1898 fr. | 1899 fr. |
|---|---|---|---|---|---|---|
| Jährlicher Verkaufserlös | 5 336 | 11 655 | 16 390 | 23 422 | 30 798 | 38 205 |
| durchschnittlich pro Tag | 20,5 | 40 | 45 | 64 | 84 | 104 |
| reiner Gewinn | — 398 | — 1 406 | — 2 826 | + 2 990 | + 4 543 | + 3 858 |

Die Verluste der ersten Jahre erklären es, dafs trotz des jetzigen Aufschwungs die Konsumenten noch immer nicht über 4 Prozent ihrer Einkaufssumme an Rückgewähr erhalten haben.

Es ist nicht ohne Interesse für die Beurteilung der Konkurrenzfrage, dafs die Privatapotheken ein gerichtliches Verfahren anhängig gemacht hatten, wodurch die Genossenschaftsapotheken gezwungen werden sollten, auf ihrem Firmenschilde die Bezeichnung „Volksapotheke" in „Apotheke" umzuwandeln; es deutet dies darauf hin, dafs die Volksapotheken einen besseren Ruf geniefsen. Das Gericht erklärte die Firmierung „Volksapotheke" für zulässig.

4. In Lüttich wurde man auch durch das Brüsseler Beispiel beeinflufst, und nach dem Hülfskassenkongrefs wurde der Vorschlag, eine Genossenschaftsapotheke zu gründen, angenommen. Es bestand nur eine einzige Hülfskasse, die ihren Mitgliedern unentgeltlich Medikamente lieferte (les Artisans réunis), und diese mufste beinahe darauf verzichten, da die Arzneien ihr zu teuer zu stehen kamen. Kaum aber wurde der Plan, eine eigene Apotheke zu gründen, bekannt, da erklärte sich der Privatapotheker sofort bereit, die Preise um 50 Prozent herabzulassen, ein Beweis für die Höhe der Gewinne, die bis dahin gemacht waren. Von allen Seiten angefeindet, wurde die erste Apotheke 1886 gegründet. Die nun folgenden Angriffe gingen so weit, dafs die Apotheker von den Genossenschaftern wegen Verleumdung verklagt und auch gerichtlich verurteilt wurden. Jetzt bestehen in Lüttich drei Volksapotheken; von 20 Hülfskassen, die ihnen angehören, gewähren jetzt 19 unentgeltlich Medikamente, während, wie gesagt, vor der Gründung nur eine einzige dies that. Der Verkauf ans Publikum ist sehr bedeutend; dasselbe geniefst den Vorteil einer 10-prozentigen Rückgewähr. Der Gewinn betrug im letzten Jahre, nach Abzug der Rückgewähr, 8 274 frcs.

Ebensolche Apotheken existieren in der Stadt Verviers und deren Vorort Dison.

In diesem Zusammenhang seien auch diejenigen genossenschaftlichen Apotheken erwähnt, die anderen Genossenschaften mit bestimmter politischer Färbung angehören. Der „Vooruit" besitzt 4 Apotheken, in denen die Mitglieder bei wöchentlichen

Kotisationen von 5 cent. unentgeltlich Medikamente erhalten. Der Leiter der Genossenschaft erklärte in der Kammer, eigene Apotheken hätten den unentgeltlichen pharmaceutischen Dienst ermöglicht, und solange dieser nicht existiere, hätten die Arbeiter zu Hausmitteln gegriffen. Im letzten Semester betrugen die Einnahmen 62 866 fr. und der Reingewinn 11 856 fr.

Der „Werker" in Antwerpen zieht jedem Mitglied von der Rückgewähr 1,56 fr. ab, wofür unentgeltliche ärztliche Behandlung und Medizin gewährt wird. Er besitzt eine Apotheke, die im letzten Jahre einen Gewinn von 4 494 fr. erbrachte.

Der „Progrès" in Jolimont besitzt 3 Apotheken in Jolimont, La Louvière und Houdeng, durch die er im Jahre 1899 einen Gewinn von 8 800 fr. erzielte. Eine Hülfskasse, die den Mitgliedern unentgeltlich Medikamente liefert, besteht hier nicht; nur die Angestellten der Genossenschaft erhalten solche.

### B. Die socialistischen Genossenschaften.

Wie schon erwähnt, sind die ersten bedeutenden Genossenschaften von Socialisten gegründet worden, und jetzt tragen die meisten und gröfsten Genossenschaften Belgiens rein socialistischen Charakter. Es mufs betont werden, dafs nicht nur der socialistische Geist, der in ihnen herrscht, ein Resultat der socialistischen Gesinnung ihrer Mitglieder ist, die Genossenschaft selbst ist auch eine Brutstätte für Verbreitung socialistischer Anschauungen. Die Förderung des Genossenschaftswesens gehört zum praktischen Programm der Partei, und es steht fest, dafs nicht etwa nur socialistische Arbeiter der Genossenschaft beitreten und dadurch ihre Zugehörigkeit zur Partei bezeugen, sondern dafs zahlreiche Andersdenkende durch ihre Mitgliedschaft bei der Genossenschaft socialistisch werden. Einen Beweis für diese Auffassung kann man darin finden, dafs so viele katholische Genossenschaften neben den socialistischen gegründet worden sind, gerade um den noch wankenden Arbeitern die Möglichkeit zu geben, im Anschlufs an eine andere Richtung sich zu organisieren. So mufs die socialistische Genossenschaft von verschiedenen Seiten betrachtet werden. Zuerst verfolgt sie allgemeine ökonomische Zwecke — die Hebung des Arbeiterstandes in materieller Hinsicht —, und hierin tritt der praktische Standpunkt des belgischen Socialismus zu Tage, der von einem der Führer folgendermafsen charakterisiert wird: „Von den Engländern," sagt Vandervelde, „haben wir den self-help, die freie Koalition, hauptsächlich unter der Form der Genossenschaft; von den Deutschen die politische Taktik und die

Grundlehren, die zum erstenmal im kommunistischen Manifest zum Ausdruck kamen; von den Franzosen ihre idealen Tendenzen, ihre Auffassung des Socialismus, als einer Fortsetzung der revolutionären Philosophie." Als Partei, die unmittelbar zu erreichende praktische Ziele im Auge hat, die z. B. selbst gegen den Alkoholismus einen Feldzug unternimmt, konnte sie die direkten Vorteile der genossenschaftlichen Organisation nicht übersehen und förderte diese daher auf jede Weise. — Andererseits lenkte die Genossenschaft die Aufmerksamkeit derer auf sich, die in der Veränderung der wirtschaftlichen Formen den Weg zu einer neuen wirtschaftlichen Organisation erblicken. In dieser Beziehung ist nachstehender Passus aus einem Bericht der Partei bezeichnend: „Die Genossenschaft erfährt zweierlei Beurteilung; sie wird einerseits stark angefeindet, weil sie nicht zur Lösung der socialen Frage beitragen kann; sie wird andererseits als Heilmittel gegen alle socialen Übel vorgeführt. Sie verdient weder diesen Haſs noch diese Ehre. Für uns ist sie stets nur ein Mittel, nie ein Ziel."[1] So ist die Genossenschaft in den Augen der belgischen Socialisten zwar eine höhere Wirtschaftsform, keineswegs aber ein direkter Weg zur Umgestaltung der modernen kapitalistischen Wirtschaft. — Als „Mittel" soll die Genossenschaft verschiedenen Zwecken dienen. In erster Linie soll sie eine Centralstelle bilden, von der aus — durch ständige Berührung mit neuen Personen — socialistische Anschauungen in weitere Kreise eindringen. Ferner soll sie die Möglichkeit gewähren, die Mitglieder an die Organisation und Geschäftsleitung zu gewöhnen, was allerdings, wie bemerkt werden muſs, mit weniger Nachdruck betont wird. Endlich sollen die erzielten Gewinne direkt für die socialistische Propaganda Mittel liefern, und damit wird der Genossenschaft eine rein finanzielle Rolle übertragen. — Diese verschiedenen, nicht immer im Einklang mit den unmittelbaren Konsumenteninteressen stehenden Forderungen, die die socialistische Partei an sie stellt, müssen bei der Beurteilung der Bewegung berücksichtigt werden, denn nur durch sie kann vieles sonst Unverständliche erklärt werden. —

Die socialistischen Genossenschaften gehören zum „Parti ouvrier" und schlieſsen sich gewöhnlich denjenigen lokalen Föderationen an, in deren Mitte sie entstehen. Seit langer Zeit wird ein Verband der Genossenschaften geplant. Schon im Jahre 1886 richtete der „Vooruit" einen Aufruf an die socialistischen Genossenschaften, in dem die Notwendigkeit einer Centralorganisation hervorgehoben wurde; man erwartete von einer solchen die Möglichkeit, eine eigene Mühle für die

---

[1] Rapport présenté au congrès socialiste, 1896.

Bäckereien zu errichten und eine Grofseinkaufsgenossenschaft zu gründen. Auf einem Kongrefs in Gent wurden Vorschläge angenommen, aber die Pläne scheiterten an dem Genossenschaftsgesetz, welches den Genossenschaften nicht erlaubt, unter sich Centralgenossenschaften zu bilden. Da die Aktiengesellschaft diese Möglichkeit bot, so griff man zu dieser Form, aber fast keine der Genossenschaften sagte zu. Die Gründe für diese Indifferenz seitens der Genossenschaften werden verschieden angegeben. Bertrand meint, die Form der Aktiengesellschaft hätte sie erschreckt, Zeo ist der Ansicht, dafs der Kampf um das allgemeine Wahlrecht die Frage zurückdränge, dafs aber auch partikularistischer Geist, der immer in den Genossenschaften herrschte und noch herrscht, einer Vereinigung widerstrebe[1]. Auf dem Kongrefs der Arbeiterpartei im Jahre 1898 wurde die Frage von neuem erörtert und im Prinzip bejahend entschieden, und Ende 1898 beschlossen 67 Genossenschaften, einen praktischen Anfang zu machen. Man begnügte sich, ein ständiges Sekretariat zu gründen, welches die Genossenschaften mit den Lieferanten in Verbindung bringen und ihnen gleichzeitig durch juristische Ratschläge zu Hülfe kommen sollte. Als jährlicher Beitrag wurden 2 cent. pro Mitglied jeder beigetretenen Genossenschaft festgesetzt; dazu kommt ein einmaliges Eintrittsgeld von 25 fr. pro Genossenschaft, was die Summe von 3000 fr. ergab. Wichtig war von Anfang an, solange eine officielle Statistik fehlt, dafs man mit einem solchen Centralbureau leichter die einzelnen Genossenschaften übersehen und annähernd wenigstens ihre Zahl feststellen kann. Leider hat auch das Sekretariat eine brauchbare Statistik nicht veröffentlicht. Es wurden gegen 150 socialistische Konsumvereine registriert, — eine Zahl, die der Wirklichkeit entfernt nicht entspricht, deren genauere Rektifikation uns aber unmöglich war.

Da der Typus der socialistischen Genossenschaft auch den übrigen Genossenschaften eigen ist, mufs er hier geschildert werden. — Vandervelde unterschied drei Arten: 1. die Genossenschaftsläden, welche ausschliefslich den Verkauf von Mehl und anderen Lebensmitteln bezwecken. Sie befinden sich in der Lütticher Gegend und im Kohlenbecken von Charleroi; 2. die Genossenschaften örtlichen Charakters, welche sich lediglich mit dem Verkauf von Mehl und der Brotfabrikation befassen (Borinage); 3. die eigentlichen socialistischen Genossenschaften mit umfassenden Zielen nach dem Muster des Vooruit[2]. —

Diese Klassifikation kann jetzt nicht mehr aufrecht erhalten werden. Einerseits haben sich die lokalen Verhältnisse

---

[1] Vergl. Zéo, La fédération des coopératives socialistes, 1898.
[2] Vandervelde, Die socialistische Genossenschaft in Belgien. Brauns Archiv 1893.

verschoben, andererseits sind die verschiedenen Handelsoperationen nicht charakteristisch für den Genossenschaftstypus, sondern oft blofs Durchgangsstadien ihrer Entwickelung. Fast alle Genossenschaften der verschiedensten Gegenden fügen in ihren Statuten demjenigen Paragraphen, in dem das erste Ziel der Genossenschaft fixiert wird, eine Bemerkung bei, in der gesagt wird, dafs die Handelsoperationen „sich auch auf andere Gebiete erstrecken können, wenn die finanzielle Lage es erlauben wird". So haben die Genossenschaftsbäckereien in ihren Statuten gewöhnlich eine Klausel, in der die Eröffnung verschiedener Läden in Aussicht genommen wird; die Genossenschaften ohne Produktionsateliers sprechen davon, solche in Zukunft einzurichten, und in der letzten Zeit sind schon viele dieser Veränderungen eingetreten. Wir können nur zwei Typen unter den belgischen Konsumentenvereinen unterscheiden: 1. solche, die mit einer Bäckerei anfangen, und die allmählich auch andere Waren verkaufen; 2. solche, die in ihren Läden verschiedene Waren verkaufen, und wo die Bäckerei den Schlufsstein bildet. Wir wollen mit dieser Klassifikation den prinzipiell einheitlichen Typus der Genossenschaft feststellen und gleichzeitig die verschiedenen Arten der jetzt existierenden als vorübergehend erklären. Denn wenn es kaum eine Bäckerei giebt, die schliefslich nicht auch andere Verkaufsartikel führt, oder keinen Konsumladen, der nicht an eine Bäckerei denkt, so kann blofs die Frage gestellt werden, warum der Gang der Entwickelung verschieden ist, d. h. warum in einer Gruppe von Genossenschaften die Produktion des Brotes den Anfang, in einer anderen den Schlufs bildet. Was hier zuerst ins Auge springt, ist die geographische Verteilung dieser beiden Arten. Weder in den beiden Flandern noch in Brabant finden wir genossenschaftliche Läden ohne Bäckerei; im Gegensatz dazu kennt die Lütticher Gegend sehr wenig Genossenschaftsbäckereien. Im Hennegau sind die beiden Typen nebeneinander zu finden: zwei Genossenschaften entstehen ungefähr zur selben Zeit, die eine die Bäckerei, die andere den Laden betreibend. Ein einheitlicher Grund für diese verschiedene Entwickelung läfst sich absolut nicht feststellen, wenigstens wissen die Genossenschaften selbst einen solchen nicht anzugeben; die Vlämen erklären, es sei viel einfacher und leichter mit Brotproduktion anzufangen, während die Wallonen das Gegenteil behaupten. Eine andere, objektiv ebensowenig stichhaltige Erklärung geht dahin, dafs bei den niedrigen Löhnen in Flandern dort zuerst für die Verbilligung des Brotes als Hauptnahrungsmittel gesorgt werden mufs, während bei der gröfseren Kauffähigkeit in den industriellen Kreisen des Wallonengebiets diese Aufgabe nicht so dringend ist. Erstens ist damit nicht erklärt, warum neue Bäckereien eingerichtet werden, und zweitens hat die genossenschaftliche Brotproduktion nicht überall versucht, auf die Ermäfsigung der Preise hinzuwirken, sondern hat vielmehr oft die üblichen Preise beibehalten und eine gröfsere Dividende ausgezahlt. Endlich finden sich im Kohlenbecken des Borinage, einem industriellen Bezirk mit ähnlichen Arbeitsverhältnissen wie in der Lütticher Gegend, hauptsächlich Genossenschaftsbäckereien. Näher liegt die Erklärung, dafs eine Genossenschaftsbäckerei, die ja jetzt fast immer die neueren Bäckereimaschinen einführt, sich nur da einbürgern kann, wo die Konsumenten sich nicht dagegen wehren, d. h. dafs sie blofs da existieren kann, wo die Bevölkerung reif genug ist, um einzusehen, dafs sie nichts verliert, wenn sie aufhört, zu Hause das Brot zu backen, und statt dessen dasselbe aus der Bäckerei bezieht. Denn thatsächlich sträubt man sich noch an vielen Orten, dieses Brot zu essen, indem man behauptet, es sei nicht billiger und schmecke schlechter. Im wallonischen Gebiet, wo die socialistische Propaganda aufs platte Land gedrungen ist, und die Genossenschaftsmitglieder sich auf eine gröfsere Fläche verteilen, fällt es den Landbewohnern besonders schwer, von der Hausproduktion zu lassen; sie ziehen es vor, Mehl von der Genossenschaft zu kaufen und in ihren eigenen Öfen Brot zu backen. Diese Erklärung ist aber durchaus nicht allgemeingültig, denn wir trafen in einigen Gegenden regelmäfsige Abnehmer städtischer Genossenschaften, die weit aufserhalb des natürlichen Bezirkes derselben wohnten (z. B. Soignies), wie sich auch Bäckereien mit mechanischen Knetmaschinen in der ländlichen Gegend von Philippeville und anderen Orten fanden. — Viel mehr Wahrscheinlichkeit dürfte folgende Erklärung für sich haben. In den beiden Flandern und in Brabant sind die Genossenschaften meist in gröfseren Städten, wo Warenhäuser existieren, die es der Genossenschaft unmöglich machen, besondere Vorteile durch Einkauf im grofsen zu gewähren. Während der „Vooruit" dazu gekommen ist, seinen Mitgliedern 9 cent. pro Brot im Werte von 30 cent. zurückzugeben, und „die Maison du Peuple" die Brotpreise in Brüssel von 35 auf 25 cent. ermäfsigte, gewähren diese beiden stärksten Genossenschaften ihren Mitgliedern bei Einkäufen in anderen Abteilungen nur einen Gewinn von 5—6 %. Viele Bäckereien der Gegend zweifeln sogar an dem Nutzen der Errichtung anderer Verkaufsabteilungen, indem sie direkt auf diese berühmten Genossenschaften hinweisen. Ganz anders ist der Nutzen beim Einkauf im grofsen in den unbedeutenden Orten z. B. der Lütticher Gegend. Bei Beibehaltung der laufenden Preise verteilen die dortigen Genossenschaften 12, 15 % und mehr sogar, was keine geringe Ersparnis ausmacht. — Dennoch mufs zugegeben werden, dafs neben diesen allgemeinen Gründen specielle viel wichtiger sind. — Das Beispiel des „Vooruit" war mafsgebend für die nächste Umgebung; die mindere Bedeutung der Lütticher Genossenschaft „la Populaire" war weniger im stande, zur Nachahmung anzuregen. Wenn eine Genossenschaftsbäckerei entsteht, die an weitere Kreise verkauft, dann begnügt sich eine andere, welche in der Nähe gegründet wird, damit, Brot von der ersten zu beziehen und blofs Läden zu eröffnen. Mitunter bleibt es auch nicht ohne Wirkung, wenn ein Bäcker als Mitglied des Genossenschaftskomitees — für Läden, ein Kleinhändler — für Bäckereien plädiert.

Eine andere Frage ist, inwieweit die Genossenschaften von grofsen Städten angezogen werden. Man ist oft geneigt zu glauben, dafs die Entwickelung einer Genossenschaft von der Gröfse der Bevölkerung des Ortes, wo sie sich befindet, abhängig ist, ein Zusammenhang, der in Wirklichkeit nicht besteht. Erstens giebt es Genossenschaften, die weit aufserhalb ihrer näheren Umgebung ihre Fabrikate absetzen. Die Brote des „Progrès" von Jolimont oder der „Concorde" von Roux werden z. B. einige Meilen weit transportiert; grofse, mit zwei Pferden bespannte Wagen fahren morgens täglich aus, um den Kunden ihr Brot ins Haus zu bringen. Aber auch dort, wo die Genossenschaften nur auf lokalen Konsum angewiesen sind, entspricht ihre Zahl und Bedeutung oft gar nicht der Ortsgröfse. So sind im Kohlenbecken von Mons fast in allen Gemeinden Genossenschaftsbäckereien, die Stadt selbst aber — Mons ist die Hauptstadt des Hennegau — besitzt keine solche, ja die Bäckerei, die dort eingerichtet wurde, mufste bald in einen Vorort — Cuesmes — verlegt werden. Noch merkwürdiger ist die Konzentration vieler Genossenschaften an ein und demselben Orte. So hat die Stadt Seraing, welche gegen 40 000 Einwohner zählt, 8 Genossenschaften, von denen mehrere derselben politischen Richtung angehören, während die so nah daran gelegene Stadt Lüttich mit 200 000 Einwohnern eine solche Zahl nicht aufweist. Natürlich verlieren die einzelnen Genossenschaften an Bedeutung, wenn ihre Zahl im Orte zunimmt, und in dieser Hinsicht lassen sich zwei verschiedene Entwickelungsformen feststellen: entweder löst sich von einer Genossenschaft ein Teil der Mitglieder los, um eine selbständige zu gründen, oder kleinere Genossenschaften werden von einer gröfseren aufgenommen. Beispiele finden wir in Antwerpen, wo eine Trennung der Genossenschaft „de Werker" stattfand, in Lüttich, wo eine früher selbständige Genossenschaft jetzt als Filiale der „Populaire" existiert, und in vielen anderen Orten. Dabei spielen aufser persönlichen Motiven auch politische eine Rolle, wie z. B. in Seraing neben einer socialistischen Genossenschaft eine andere, ebenfalls socialistische entstand, deren Mitglieder die erste politisch nicht thätig genug fanden. Die kleinen Genossenschaften geben selbst zu, dafs es wünschenswert sei, sich zu vereinigen und eine starke Genossenschaft zu gründen, da sie sich sonst gegenseitig Konkurrenz machen; aber es will eben keine ihre Autonomie aufgeben, und so bleibt es bei der viel weniger vorteilhaften Selbständigkeit. Diese letztere scheint eine solche Anziehungskraft auszuüben, dafs selbst in den Vororten grofser Städte mit bedeutenden Genossenschaften einige kleine existieren, z. B. in Gent neben dem „Vooruit" noch zwei, in Lüttich neben der „Populaire" ebenfalls zwei. —

Was die Kundschaft der Genossenschaften anbetrifft, so besteht sie aus Mitgliedern und Nichtmitgliedern, da das belgische Genossenschaftsgesetz kein Verbot des Verkaufs an Nichtmitglieder kennt[1]. Doch ist die Zahl der Nichtmitglieder-Konsumenten eine höchst unbedeutende, denn die Bedingungen der Aufnahme sind so einfach, dafs diese jedem zugänglich ist, und andererseits gewähren die Genossenschaften den Nichtmitgliedern so gut wie gar keine Vorzüge. Der gröfste Teil verkauft ihnen zu ortsüblichen Preisen und gewährt keine Rückgewähr. Einige versuchen es jedoch, durch vorteilhafte Bedingungen die Kundschaft von Nichtmitgliedern anzulocken. So gewährt die Bäckerei von Soignies, „la Concorde", den Nichtmitgliedern die Hälfte des Mitgliederrabattes, und auch die „Populaire" in Lüttich verkauft an Nichtgenossenschafter mit Rabatt, während der „Werker" in Antwerpen sogar zu gleichen Bedingungen an Fremde wie an Mitglieder Waren abgiebt. Die meisten Genossenschaften thun dies aber nicht und zählen unter ihren Kunden Nichtmitglieder nur so weit, als diese officiell einer socialistischen Institution nicht beitreten wollen und mit periodischen Einkäufen sich begnügen. Jedenfalls kann dieser Verkauf nur dort Bedeutung haben, wo die Genossenschaft im Besitz grofser Verkaufsläden ist, die, wie jeder Grofsbazar, das Publikum anziehen; mit diesem Hülfsmittel hat z. B. die „Maison du Peuple" im letzten Semester $2/5$ des Erlöses der Kleider- und Wäscheabteilung durch Verkauf an Nichtmitglieder erzielt. — Ein anderer Anreiz besteht bei Waren, deren genossenschaftliche Verkaufspreise sich stark von denen der privaten Unternehmungen unterscheiden, wie das bei den Arzneien der Fall ist. Beispielsweise ist der Gewinn der Apotheke des „Werker" in Antwerpen, der im letzten Semester gegen $4^{1}/_{2}$ Tausend fr. betrug, nur durch den Verkauf an Nichtmitglieder erzielt, da die Mitglieder die Medikamente unentgeltlich erhalten.

Wenn wir die Genossenschaften der Konsumenten in ihrer Beziehung zur Fabrikation betrachten und zuerst diejenigen ansehen, die die verkauften Produkte selbst fabrizieren, so kommen unzweifelhaft die genossenschaftlichen Bäckereien

---

[1] Nur die Beamten-Konsumvereine sind laut ministerieller Verordnung hiervon ausgeschlossen.

zuerst in Betracht: sie sind es, die die ganze Bewegung eingeleitet und die sich am meisten entwickelt haben. So sind sämtliche berühmten Genossenschaften aller Gegenden Belgiens in erster Linie Bäckereien, nur sie rechnen ihre Mitgliederzahl nach Tausenden und die Jahresumsätze nach Millionen. Zwei Ursachen sind für diese Entwickelung ausschlaggebend gewesen. Erstens ist Brot das geeignetste Produkt für einen genossenschaftlichen Betrieb, da hier der Durchschnittskonsum für jedes Mitglied feststeht und die einförmige Produktion dazu beiträgt, einen gewonnenen Kunden nicht leicht wieder zu verlieren. Man kann beobachten, dafs in Genossenschaften mit verschiedenen Zweigen, Mitglieder, welche so gut wie gar keine sonstigen Waren in den Genossenschaftsläden einkaufen, doch ständige Brotabnehmer sind. Die zweite Ursache ist eine technische. Es waren die genossenschaftlichen Bäckereien, welche zuerst die modernen Bäckereimaschinen in Belgien einführten. Die Borbecköfen und mechanischen Knetmaschinen waren unbekannt, solange der „Vooruit" in Gent, oder die „Maison du Peuple" sie nicht zu benutzen angefangen hatten. Die Konsumenten sträubten sich anfangs, behaupteten, die Qualität solchen Brotes sei schlechter. Jetzt ist man schon daran gewöhnt, und die grofsen Aktienbäckereien, sowie private Bäcker haben dieselbe Produktionsart eingeführt. Im Anfang brauchten die Genossenschaften keine Konkurrenz zu fürchten, allmählig wuchs diese, jetzt sind sie stark genug, eine solche aufzunehmen. — Die Vorteile des Grofsbetriebs und der verbilligten Produktionsweise gaben den genossenschaftlichen Bäckereien die Möglichkeit, den Brotpreis niedriger zu setzen oder bei Beibehaltung des ortsüblichen Preises grofse Dividenden zu verteilen. Dadurch wurden immer neue Mitglieder angezogen, und so kam die rasche und starke Entwickelung zustande.

Die bedeutendsten Bäckereien sind heute:
Maison du Peuple, Brüssel; Produktion 1899     10 022 318 kg
Vooruit, Gent . . . . .      -      1898 gegen 6 000 000 -
Progrès, Jolimont . . .      -      1898    -  5 456 416 -
Werker, Antwerpen . . .      -      1898    -  4 000 000 -
Concorde, Roux . . . .       -      1898    -  2 318 280 -
Populaire, Lüttich . . .     -      1899    -  2 000 000 -
Société coopérative, Jemappes -     1898    -  1 014 986 -

Fast alle haben modernen maschinellen Betrieb, von den hier angeführten macht nur die „Populaire" eine Ausnahme. Die Knetmaschinen sind bei der grofsen Produktion sehr verbreitet und existieren auch oft dort, wo die Borbecköfen noch nicht eingeführt sind.

Es ist einleuchtend, dafs bei einer so bedeutenden Brotproduktion genossenschaftliche Mühlen von der gröfsten Bedeutung wären; wir finden solche sogar in England, wo die

Bäckereien lange nicht so verbreitet sind. In Belgien sind sie bis jetzt nur geplant, kaum eingeführt. Eine genossenschaftliche Mühle, von der alle Bäckereien ihr Mehl beziehen könnten, gehörte auch in die Pläne des Verbandes und wird vielleicht mit der Zeit noch errichtet werden. Bis jetzt konnte der mangelhaften Verbandsorganisation wegen an keine derartigen, den gemeinsamen Interessen der Genossenschaften dienende Unternehmungen gedacht werden. Für jede einzelne Bäckerei eine besondere Mühle einzurichten, ist unvorteilhaft; es giebt eine einzige genossenschaftliche Bäckerei, die eine solche besitzt, die „Maison du Peuple" in Verviers[1], deren Produktion so kostspielig ist, daſs auſserhalb gekauftes Mehl billiger zu stehen kommt, und nur ²/₃ des Bedarfs von der eigenen Mühle geliefert werden.

Was die anderen Produktionszweige anbetrifft, so sind sie zwar recht verschieden, aber im groſsen und ganzen doch unbedeutend. Die Genossenschaften, welche Kleider konfektionieren, begnügen sich, dieselben in ihren Ateliers zuzuschneiden, und überlassen die Konfektion den Heimarbeitern. Fast alle gröſseren Genossenschaften besitzen solche Ateliers, einige fabrizieren auch Schuhwerk. Es ist aber ein einfacher handwerksmäſsiger Betrieb, der oft der Genossenschaft viel einbringt, aber sonst so gut wie keine Bedeutung hat. Der „Prolétaire" in Löwen ist im Besitz einer Cigarrenfabrik, die gelegentlich eines Streiks entstand und die jetzt ca. 12 Arbeiter beschäftigt, welche auf Rechnung der Genossenschaft arbeiten; auch andere Genossenschaften kaufen hier ihre Cigarren ein. Die Genossenschaft in Verviers stellt besondere Kuchen her — pains d'épices —, welche sie ebenfalls an andere Konsumvereine liefert. Gewöhnlich aber bleibt die Produktion eine Eigenproduktion, und dort, wo sie darüber hinausgeht, ist ihr Umfang nicht groſs.

Die Bierbrauereien sind erst seit kurzer Zeit im Gang und zwar nur im wallonischen Gebiet, während es im Norden bis jetzt noch keine giebt; entweder schlieſsen sie sich einer schon existierenden Genossenschaft an oder werden selbständig gegründet[2]. Unter den socialistischen ist auſser der Brauerei des „Progrès" (s. unten) noch die selbständige Genossenschaft „Le Travail" in Charleroi zu nennen. Anfangs entsprach diese Brauerei nicht ganz den Prinzipien eines Konsumvereins, da die Gewinne nicht pro Rata des Konsums,

---

[1] Die von der offiziellen Statistik jährlich registrierten genossenschaftlichen Mühlen sind meist Aktiengesellschaften, wie z. B. die Mühle in Clavier.

[2] Seit 1890 sind gegen 15 Brauereien registriert worden, von denen aber einige nur die Form der Genossenschaft angenommen haben, andere Genossenschaften von Produzenten sind. Viele existieren nicht mehr.

sondern nach der Gröfse der Anteile verteilt wurden. Jetzt sind die Statuten verändert: die Konsumenten erhalten 40 Prozent der Gewinne, während der übrige Teil für Schuldentilgung, Unterstützung der Hülfskassen und Gewinnbeteiligung verwendet wird. Nachdem die ersten Jahre einen Verlust aufwiesen, schlofs die Bilanz von 1899 mit einem Gewinn von über 7000 frcs., bei einer Produktion von 9869 Hektoliter.

Was die Verkaufsorganisation und die Dividendenverteilung anbetrifft, so ist folgendes hervorzuheben. Der gröfste Teil der Genossenschaften gewährt keinen Kredit; die Mitglieder kaufen Bons ein, die zu Einkäufen in der Genossenschaft berechtigen, oder zahlen in bar. Da die Waren erheblich über dem Selbstkostenpreis verkauft werden, und die Dividende erst nach Semesterschlufs an die Konsumenten ausgezahlt wird, so befindet sich die Genossenschaft immer im Genufs einer Summe, die ihr gewissermafsen von den Konsumenten kreditiert ist. — In kleineren Orten mufste der Kredit beibehalten werden, und es wird dann in der Regel alle zwei Wochen, — gewöhnliche Frist für Auszahlung der Löhne — abgerechnet. In diesen Genossenschaften sind die Eintrittsgelder viel gröfser und dienen gleichzeitig als Kaution. Während die Konsumbäckereien gewöhnlich die Eintrittssumme auf einige Franks festsetzen (1 fr. im „Vooruit", 2 im „Progrès" von Jolimont, 10 in der „Maison du Peuple"), haben die kleinen Verkaufsläden, wo Kredit gewährt wird, diese Summen auf 50—60 fr. erhöht.

Die Rückgewähr wird gewöhnlich nach Semesterschlufs ausgezahlt, und die Waren zu ortsüblichen Preisen verkauft. Die Dividende wird gewöhnlich beim Brot auf einige Centimes pro Brot festgesetzt, bei anderen Waren wird ein bestimmter Procentsatz fixiert. Es werden die verschiedensten Dividenden pro Brot ausgezahlt; der „Vooruit" verkauft 1 Kilo à 30 cent. und erstattet 9 zurück, die „Maison du Peuple" 3 cent. pro Brot, welches à 25 verkauft wird; „De Werker" 8 cent. pro 30, die Bäckerei in Löwen 8 pro 28, die „Concorde" in Roux 2 pro 45 (2 kg) und die „Populaire" in Lüttich, die noch bei der alten Produktionsweise geblieben ist, kann nur 1 cent. pro Brot zurückerstatten. Einige Genossenschaften haben auch für die Brotdividende einen bestimmten Procentsatz, so z. B. 5 Prozent in der „Emulation prolétarienne" von Seraing.

Eine strittige Frage ist, wie die Dividende ausgezahlt werden mufs. Alle Genossenschaften, die mehrere Arten von Verkaufsgegenständen, aufser Brot, besitzen, zahlen nicht in bar, sondern nur in Bons, wodurch die Konsumenten gezwungen werden, weitere Einkäufe zu machen; in einigen Genossenschaften wird sogar festgesetzt, was mit der Dividende gekauft werden mufs. Dieses System hat zu vielen Angriffen

Anlaſs gegeben. Dr. Crüger meint, man gönne wohl in Belgien dem Arbeiter keine Barersparnisse[1], und Pyfferoen fordert gesetzliches Verbot des Systems und zieht sogar eine Parallele zwischen ihm und dem Trucksystem[2]. Es ist kaum möglich, diesen Vorwürfen beizupflichten. Die Neigung zum Sparen wird hier keineswegs gehemmt, sondern eher gefördert. Es giebt immer eine Reihe recht primärer Bedürfnisse, welche bei der Arbeiterklasse unbefriedigt bleiben, und schon deshalb ist kaum anzunehmen, daſs das in Empfang genommene Bargeld auf die Sparkasse getragen würde, um so mehr als die verschiedenen Hülfskassen, die sich immer mehr an die socialistischen Genossenschaften angliedern, für die Zukunft ihrer Mitglieder sorgen. Dazu kommt noch, daſs Bargeld von den Arbeitern sehr oft für Alkoholgenuſs ausgegeben wird, und das Bonssystem solche Ausgaben eventuell verhüten kann. Was gar den Vergleich mit dem Trucksystem anbetrifft, so zeigt er eine vollständige Verkennung des Prinzips. Die von der Genossenschaft erzielten Gewinne kommen ja den Mitgliedern selbst zu gute; wer anders als sie ist an der Entwickelung der Genossenschaft interessiert? Wenn selbst die Gewinne zum Teil für politische Zwecke ausgegeben werden, so ist auch dies — vom Standpunkt des beteiligten socialistischen Genossenschafters — in seinem Interesse. Also, wenn von einer Ausbeutung gesprochen werden kann, so ist es eine Ausbeutung seiner selbst, und das kann man doch nicht wehren. So können wir im Prinzip gegen dieses System nichts einwenden, wir möchten aber bemerken, daſs ein solcher Zwang der Genossenschaft gewisse Verpflichtungen auferlegt. Das System ist soweit praktisch, als es zu einer nützlichen Ausgabe zwingt, welche vielleicht anders ausfallen würde. Der Käufer kann aber keineswegs dadurch benachteiligt werden, was nur der Fall sein könnte, wenn die Waren nicht die gute Qualität besitzen, die vielleicht in Privatläden zu finden ist. Es ist aber a priori anzunehmen, daſs die Interessen der Gesamtheit für gute Bedienung viel mehr Garantie bieten als Privatinteressen, und daſs bei guter Leitung alle Konsumenten befriedigt werden können. Man hört ja oft klagen, man kaufe vorteilhafter in Privatläden, oder eine Bestellung werde besser anderswo ausgeführt; als Leiter ihrer eigenen Unternehmung können die Konsumenten es immer dahin bringen, daſs hierin Wandel eintritt, was auch thatsächlich meist zu geschehen pflegt.

Die andere strittige Frage, ob die Konsumvereine zu ortsüblichen oder Selbstkostenpreisen verkaufen sollen, ist für die

---

[1] Dr. Crüger, Die Erwerbs- und Wirtschaftsgenossenschaften.
[2] Oscar Pyfferoen, Les coopérateurs en Belgique. Réforme sociale, 1899, IV.

belgischen Genossenschaften im ersteren Sinne entschieden; fast alle haben die ortsüblichen Preise beibehalten und verteilen den Gewinn am Semester- oder Jahresschluſs. Die Vorzüge dieses Systems sind fast allgemein anerkannt. Man hat auch immer geglaubt, daſs dieses System, welches die Preise nicht herabdrückt, dem Detailhandel weniger schädlich sei, eine Annahme, die vor kurzem aber Widerspruch bei vielen Kleinhändlern gefunden hat, die im System der Dividendenverteilung die gröſste Schädigung erblicken wollen[1]. — Nach diesen Vorbemerkungen gehen wir zur Beschreibung der bedeutendsten Genossenschaften über.

### Der „Vooruit"[2].

Der „Vooruit" ist die bekannteste, und man kann sagen, auch die wichtigste socialistische Genossenschaft Belgiens. Es war im Jahre 1873, als eine kleine Zahl Arbeiter in Gent den Gedanken faſste, eine Genossenschaftsbäckerei zu gründen. Etwa 30 Mann legten während zehn Wochen alle zwei Wochen 50 cent. zurück, so daſs im Laufe dieser Zeit ein Kapital von 150 fr. zu ihrer Verfügung stand, mit dem die Bäckerei „de vrije Bakkers" gegründet wurde. Aber schon bald darauf trat eine Spaltung ein, hervorgerufen durch Meinungsverschiedenheiten der socialistischen und nichtsocialistischen Mitglieder. Der socialistische Teil löste sich von den „Vrije Bakkers" ab und gründete Ende 1880 den „Vooruit". Gleichzeitig verlieſsen auch andere Mitglieder die zuerst gegründete Genossenschaft und gründeten zwei neue Bäckereien, so daſs die Spaltung einige neue Genossenschaften ins Leben rief. Um dieselbe Zeit faſste der Ausschuſs des „Vooruit" den Entschluſs, im Mittelpunkt der Stadt ein altes Fabrikgebäude zu mieten und hier eine groſse Bäckerei, den modernen technischen Anforderungen entsprechend, einzurichten. So wurden von der Genossenschaft zum erstenmal Borbecköfen und mechanische Backtröge hier eingeführt, und das bis dahin handwerkmäſsig betriebene Bäckereigewerbe tritt damit in eine neue Phase ein. Seitdem wachsen auch die Erfolge des „Vooruit"; 1884 wird eine Verkaufsstelle für Kleiderstoffe eröffnet, 1885 die erste Apotheke, Filialen für Kolonialwaren, Kohlenverkauf, neue Läden, Vereinssäle kommen hinzu und bilden die jetzt so starke wirtschaftliche und politische Organisation des

---

[1] Vergl. Verhandlungen der letzten Generalversammlung des Vereins für Socialpolitik.
[2] Über den „Vooruit" ist schon recht viel geschrieben worden. Wir haben ihm einen flüchtigen Besuch abgestattet und glauben umsomehr von den sehr guten Artikeln des „Musée Social" Gebrauch machen zu können, als diese überhaupt wenig zugänglich sind.

"Vooruit", — ein Vorbild für viele späteren Genossenschaften —.

Laut Art. 1 der Statuten ist der „Vooruit" eine Vereinigung, welche den Zweck hat, „durch das Mittel der Genossenschaft die materiellen und moralischen Verhältnisse ihrer Mitglieder zu bessern". Die Bedingungen für die Aufnahme sind höchst einfach; man muſs 1. 1 fr. Eintrittsgeld und 25 cent. für ein Mitgliederbuch einzahlen und 2. socialistischen Prinzipien freundlich gesinnt sein. Diese sehr leicht vom Arbeiterstande erfüllbaren Forderungen üben in Verbindung mit den vielseitigen Vorteilen eine groſse Anziehungskraft aus, da schlieſslich der Beitritt nichts riskieren läſst.

Die Basis der Genossenschaft bildet die Brotproduktion: während des ersten Semesters 1899 betragen die Einnahmen 1598000 fr., von denen 797000, also gegen 50 %, auf den Brotverkauf kommen. Jeder eben, der Mitglied wird, fängt damit an, sein Brot von der Genossenschaftsbäckerei zu beziehen, während, wie wir sehen werden, es nicht ganz so mit den übrigen Abteilungen bestellt ist. — Die verbesserten Produktionsmittel setzten den Selbstkostenpreis des Brotes bedeutend herab, und die Genossenschaft hätte dadurch die Möglichkeit gehabt, das Brot zu viel niedrigerem Preise zu verkaufen, als bis dahin üblich war; sie zog es aber vor, das Rochdaler System zu befolgen, und zu ortsüblichem Preis das Brot zu verkaufen und dadurch die Möglichkeit zu gewinnen, gröſsere Dividende verteilen zu können. So wurde der Preis von 30 cent. pro Kilo beibehalten, trotzdem dieses Brot auf ungefähr 21 cent. zu stehen kommt. Jeder Käufer erhält bei Verteilung der Gewinne 9 cent. pro Brot und zwar nicht in Geld, sondern in Bons, die für weitere Einkäufe, sei es in der Bäckerei selbst, sei es in anderen Abteilungen des „Vooruit", gültig sind. Es ist interessant, wie diese Bons benutzt werden. Aus der Statistik der Brotverkäufe ist zu ersehen, daſs jede Familie durchschnittlich gegen 800 Brote jährlich konsumiert, was dem allgemeinen Durchschnitt des Brotkonsums entspricht, so daſs anzunehmen ist, daſs die Mitglieder all ihr Brot von der Genossenschaft beziehen. Anders mit den übrigen Artikeln. Eine Untersuchung hat gezeigt, daſs sogar die durch die Brotdividende gemachten Ersparnisse nicht immer Einkäufen in anderen Abteilungen dienen. Die Einen brauchen ihre Gewinne, um weitere Broteinkäufe zu machen, eine andere gröſsere Kategorie begnügt sich, lediglich die Bons in anderen Abteilungen zu verwenden, in der Genossenschaft nur soweit also einzukaufen, als sie dazu gezwungen ist, und nur ein kleiner Teil — $1/14$—$1/15$ — kauft vom „Vooruit" alles, was er liefern kann. Es ist daher notwendig, einen Blick auf die anderen Läden zu werfen, um zu sehen, warum sie die Mitglieder weniger anziehen.

Es kommen zuerst die sogenannten „magasins d'aunage" in Betracht, welche nächst der Brotabteilung die gröfsten Einnahmen aufweisen (letztes Semester 245 484 fr.), und die Kolonialwaren (231 606). Es ist leider unbekannt, wie viel der Verkauf an Nichtmitglieder ausmacht; für Kolonialwaren ist er entschieden kaum in Betracht zu ziehen, denn er beträgt pro Mitglied im Semester nur 30 fr., eine Summe, die lange nicht den Gesamteinkauf der Betreffenden an Kolonialwaren bezeichnen kann, wenn sie auch bedeutend höher ist, als der Betrag, der in anderen grofsen Genossenschaften auf den Kopf des Mitgliedes entfällt. Die Beziehungen der Mitglieder zur Genossenschaft sind hier relativ stark, und wenn auch noch viele Einkäufe aufserhalb stattfinden, so spielen viele Beweggründe dabei eine Rolle, die nicht immer wirtschaftlichen Charakters sind, und deren schon an anderer Stelle gedacht worden ist. Oft entspricht die Bestellung — besonders in der Konfektionsbranche — dem Geschmack nicht, und es gehört eine gewisse fanatische Anhänglichkeit dazu, um — wie ein Arbeiter sich ausdrückte — „lieber vor Hunger sterben, als ein in einer katholischen Bäckerei gebackenes Brot zu essen," eine Anhänglichkeit, die doch dem Genter mehr als einem anderen eigen ist. Jedenfalls ist es eine Erscheinung, die auch den englischen Genossenschaften bekannt ist, wie noch unlängst die „Cooperative News" schrieb (3. Dezember 1898): „wie viele von uns haben es nicht versucht, von Genossenschaften angefertigte Waren zu kaufen, ohne völlig befriedigt zu sein."

In den Produktionsateliers der Genossenschaft hat sich in letzter Zeit vieles verändert. Aufser der Bäckerei besitzt sie eine Werkstatt für das Zuschneiden der Kleider und der Wäsche, ebenfalls werden Schuhwaren hergestellt. In der Kleiderwerkstatt wird mehr nach Mafs gearbeitet, und zwar werden die Kleider hier blofs zugeschnitten und von Heimarbeitern genäht. Dasselbe gilt für die in der Genossenschaft existierende Wäscheabteilung. In der Schusterei ist ein Teil der Arbeiter — gegen 20 — in der Werkstatt selbst beschäftigt, ebensoviel sind zu Hause thätig. Früher waren die Näherinnen, wie auch die Schuster, in der Genossenschaft selbst angestellt; diese seit Ende 1898 eingetretenen Veränderungen finden in der Organisation der Arbeitsverhältnisse ihre Erklärung, auf die wir noch ausführlich zu sprechen kommen.

Folgende Zahlen veranschaulichen die Entwickelung der Genossenschaft[1]:

---

[1] Die Bilanzen von 1890 fehlen uns leider.

| Jahrgänge | Verkaufserlös der Bäckerei | Verkauferlös der anderen Abteilung. | Bruttogewinn | Reingewinn |
|---|---|---|---|---|
| | fr. | fr. | fr. | fr. |
| 1890 | 599 420 | 762 553 | 96 968 | 66 633 |
| 1898 | 1 146 261 | 1 052 600 | 147 860 | 37 714 |

Die Tabelle zeigt, dafs die Einnahmen der Bäckerei schneller wachsen als die der übrigen Abteilungen. — Es ist noch die Frage zu beantworten, woher die Gewinne kommen, da ja auf alle Waren Rückgewähr gegeben wird. Erstens werden Nichtmitgliedern keine Rabatte gewährt, und dann ergiebt oft der Unterschied zwischen dem erzielten Gewinn und der verteilten Rückgewähr eine nicht unerhebliche Summe. Die „ristourne", welche den Brotkonsumenten zukommt, ist nämlich auf 9 cent. pro Brot fixiert, und die Kosten verändern sich. So blieben im verflossenen Semester der Genossenschaft nach Abzug der Rückgewähr vom Brotverkauf 64 095 fr. — Ebenso werden auf Kolonialwaren und Kleiderstoffe den Mitgliedern 6 % zurückgegeben, während der Rest des Gewinnes der Genossenschaft zu gute kommt. Auf einige Waren, wie Steinkohlen und Getränke, wird kein Rabatt gewährt. Der „Vooruit", als socialistische Genossenschaft, verbraucht diese Gewinne nicht nur im persönlichen Interesse der Mitglieder selbst, sondern vielmehr auch zum Nutzen der socialistischen Partei. Die Ausgaben für politische Propaganda sind recht schwer festzustellen, denn obgleich das belgische Genossenschaftsgesetz kein Verbot enthält, Geld für politische Zwecke auszugeben, so sorgt man doch dafür, dafs die hierfür verwendeten Summen nicht zu sehr an den Tag treten, und sie werden deshalb gewöhnlich mit anderen Posten zusammen in den Bilanzen aufgeführt; doch genügt es, die beständigen Summen, welche während Streiks oder lookout's verausgabt werden, zu registrieren, um zu sehen, wie teuer die Beteiligung an der politischen Propaganda der Genossenschaft zu stehen kommt. Aber auch für die Mitglieder persönlich wird seitens des „Vooruit" vielerlei gethan. Vom medico-pharmaceutischen Dienst ist an anderer Stelle gesprochen worden. Aufserdem bekommen die kranken Mitglieder während eines Semesters 6 Brote wöchentlich geliefert; sie müssen allerdings einen Beitrag von 5 cent. pro Woche hierfür entrichten, so dafs diese Lieferung mehr der Unterstützung einer Krankenkasse gleichkommt. Beim Tode eines Mitgliedes erhält seine Familie ein Sterbegeld von 10 fr., und die Frauen der Mitglieder erhalten nach ihrer Niederkunft unentgeltlich das „nötige" Brot, wenn sie ihre Einkäufe regelmäfsig in der Genossenschaft gemacht haben. — Schliefslich ist seit 1897 eine Pension für alte Mitglieder eingeführt, die jeder erhält, der 20 Jahre hindurch der Genossenschaft angehört und während dieser Zeit für 150 fr. jährlich in den verschiedenen Abteilungen des „Vooruit" eingekauft hat. Die Zahlungen beginnen mit dem 60. Lebensjahre, betragen 120 fr. jährlich und werden in Bons entrichtet, mit denen weitere Einkäufe im „Vooruit" gemacht werden können; bei gröfseren Einkäufen wächst auch die Pension. Die Frau kann das Recht erben, und nach dem Tode des Mannes, der weniger als 20 Jahre Mitglied gewesen, kann sie bei regelmäfsigen Einkäufen dieselben Rechte erlangen. Für die zeitigen Mitglieder, die der Genossenschaft seit ihrer Gründung angehören, ist die Pension schon in Kraft getreten, obgleich 20 Jahre noch nicht verflossen sind. —

Es mufs bemerkt werden, dafs diese Einrichtungen in gleichem Mafse die Interessen der Mitglieder wie die der Genossenschaft selbst im Auge haben, denn sie bilden für die Mitglieder ein reines Geschenk, da keine besonderen Beiträge gefordert werden, und kosten der Genossenschaft sehr wenig, vielleicht gar nichts. Die Genossen erwerben nur bei regelmäfsigen Einkäufen Anspruch auf eine Pension, und das bestimmt sie, ihre Bedürfnisse im „Vooruit" zu decken; wie wichtig das für die Genossenschaft ist, braucht kaum hervorgehoben zu werden, wenn man bedenkt, dafs einige seiner Abteilungen nicht vorwärts wollen. Weiter wird die Altersrente nicht in bar, sondern in Bons entrichtet, und nur für die in Armenhäusern wohnenden Greise kommt ein Drittel in bar zur Auszahlung, Leistungen, die bei den grofsen Umsätzen für die Genossenschaft kaum fühlbar sind. — So versucht der „Vooruit" auf jede Weise, die Interessen der Arbeiterklasse und der Genossenschaft zu verbinden, und indem er aufser den materiellen Vorteilen noch andere gewährt, wie Bibliotheken, Lesezimmer, Vereinssäle etc., fördert er in gleicher Weise die ökonomische und geistige Hebung des Arbeiterstandes.

„Maison du Peuple", Brüssel.

Wer jetzt das palastartige Gebäude der gröfsten belgischen Genossenschaft betritt, kann kaum glauben, dafs diese anfangs keine Möglichkeit besafs, eine eigene Bäckerei einzurichten, sondern eine solche mieten mufste. Es war im Anfang der 80er Jahre, als die wenigen Socialisten von Brüssel das Beispiel des „Vooruit" nachzuahmen versuchten[1]. Die Arbeiterbewegung war noch schwach, die wenigen Gewerkschaften übten keinen Einflufs aus, und die politischen Vereine zählten nur wenig Mitglieder. So war das Ziel der Genossenschaften

---

[1] Geschichtlicher Überblick, entnommen von Bertrand, Les débuts de la Maison du Peuple, Coopérateurs belges, avril 1899.

einerseits zwar, eine Gruppierung der Arbeiter durch schnell
realisierbare Vorteile zu erreichen, andererseits aber auch hier
die Gewinne zu politischen Zwecken zu benutzen. Wöchentliche Ersparnisse von 25—50 cent. legte man in der künftigen
Genossenschaft an, und nach einigen Monaten zählte man gegen
70 Mitglieder und war im Besitz von etwa 700 fr.; damit
wurde angefangen. Man kaufte einige Säcke Mehl, einen
Karren, einige Gerätschaften und hatte in der ersten Woche
gegen 650 Brote gebacken. Gewährter Kredit gab die Möglichkeit fortzufahren, und man zog sogar in eine gröfsere
Bäckerei um und zählte Ende 1885 gegen 400 Mitglieder.
Auch hier war man zuerst um einen Vereinssaal besorgt, der
Ende 1886 gemietet wurde, und die uns vorliegenden Bilanzen
zeigen in dem ersten Semester 1887 einen Gewinn von einigen
hundert Franken in der Rubrik „Café".

Bald darauf kamen Kolonialwaren hinzu, anfangs nur
Butter, die übrigen relativ später (1892). Ungefähr um dieselbe Zeit (1889—90) fing man an, Kleiderstoffe und Kohlen
zu verkaufen, so dafs schon seit 1890 alle Abteilungen im
Gange sind, die jetzt bestehen.

Wenn im „Vooruit" die Bäckerei die Basis der Genossenschaft bildet, so ist sie in der „Maison du Peuple" von noch
viel gröfserer Bedeutung. Die Hauptursache davon ist, dafs
man in Brüssel andere Folgerungen aus den Vorzügen des
Grofsbetriebs in der Bäckerei gezogen hat. Es ist ja klar,
dafs seit der Einführung der Borbeckschen Öfen der Selbstkostenpreis fallen mufste. Man hat trotzdem in Gent den
üblichen Preis beibehalten, den man später zwar etwas herabsetzte (von 35 auf 30 cent.), der aber dennoch bedeutend
über dem Selbstkostenpreis (20—21 cent.) blieb. In Brüssel
stellte man sich auf einen anderen Standpunkt und setzte den
Preis herab, um den Mitgliedern sofort die Vorteile zu zeigen.
Hier ist billiges Brot das Ideal. Der Druck, den die grofse
Genossenschaft ausübte, war so gewaltig, dafs auch die übrigen
Bäckereien den Preis herabsetzen mufsten. Es ist also nicht
richtig, wenn behauptet wird — und dies ist eine geläufige Behauptung —, dafs die „Maison du Peuple" zum Selbstkostenpreis verkauft, im Gegensatz zu anderen Genossenschaften,
die den ortsüblichen Preis beibehalten. Auch in Brüssel wird
zu dem Preise verkauft, zu dem auch die anderen Bäckereien,
genossenschaftliche wie private, ihr Brot liefern; ja, uns sind
sogar Fälle bekannt, wo der private Brotpreis durchschnittlich
niedriger ist. Doch ist die Abweichung vom Selbstkostenpreis eine relativ so geringe, dafs schon eine Verteuerung des
Mehls die Beibehaltung des Preises unmöglich machen kann.
Während bei hohen Preisen eine solche Verteuerung die an
die Mitglieder verteilten Gewinne trifft, ohne den Brotpreis zu
modifizieren, folgen hier die Brotpreise allen gröfseren Schwan-

kungen der Mehlpreise, wie man z. B. im Jahre 1897 den Preis von 22 auf 25 cent. erhöhen mußte. Diese Schwankungen kommen öfters vor, und es ist schon zu den verschiedensten Preisen verkauft worden. —

Bei der Besprechung dieses Systems muß man folgendes beachten: Die Interessen der Kunden werden eigentlich vollständig gleich berücksichtigt bei teuerem und billigerem Verkauf. Es handelt sich bloß darum, ob man den Vorteil sofort genießen will oder sich geduldet. Wie uns von den Leitern versichert wurde, verdanke die „Maison du Peuple" gerade dem System der Preisherabsetzung ihre Entwickelung, denn die Mitglieder seien durch die billigeren Preise gelockt worden. Diese Ansicht hat einiges für sich; wir sehen z. B., daß im Jahre 1893 die Brotproduktion erheblich gesunken war, weil, wie im Geschäftsbericht für das Jahr bemerkt wird, die Konkurrenten den Brotpreis niedriger gesetzt hatten, und daß die Produktion wieder stieg, nachdem von der Generalversammlung der Preis auf 22 cent. fixiert war. Das Unbequeme bei niedrigen Preisen scheint uns die doppelte Schwankung einmal des Brotpreises selbst und dann der Dividende zu sein. Die letztere wechselte zwischen 9 cent. im Anfang und 0,5 cent. in der Zeit des Steigens der Mehlpreise. Es scheint auch, daß die kleineren, zur Verteilung gelangenden Gewinne weniger zum Einkauf in den übrigen Abteilungen beitragen. Die Frage wird viel diskutiert, und wir müssen gestehen, trotz öfterer Unterredungen mit den leitenden Persönlichkeiten vom Vorteil des Systems nicht überzeugt zu sein.

Jetzt besitzt die Genossenschaft zwei Bäckereien, in denen Borbecköfen installiert sind. Als Beispiel für die Dank dieser Einführung gemachten Ersparnisse können wir anführen, daß in einem Ofen der ersten Bäckerei gegenwärtig gegen 4000 Brote täglich gebacken werden, und daß die Kosten für Heizmaterial ca. 10 fr. ausmachen, während früher 1800 Brote mit einem Aufwand von 11 fr. für die Heizung gebacken wurden; man konnte also früher für 1 fr. Heizmaterial 164 Brote backen, jetzt deren aber 400. Die Gesamtproduktion beträgt gegenwärtig gegen 200 000 Brote wöchentlich, die Einnahmen der Bäckerei bezifferten sich im letzten Halbjahr (1899, II) auf 1 255 323 fr., machen bei einem gesamten Verkaufserlös von 1 970 000 also gegen 63 %  aus, und das jetzt, nachdem die Einnahmen anderer Abteilungen im neuen Gebäude sich bedeutend erhöht haben, während früher dieser Zweig relativ noch wichtiger war. Die Größe der Produktion ermöglicht die vorteilhaftesten Arbeitsbedingungen; es besteht Tag- und Nachtbetrieb, der mit drei Schichten zu je acht Stunden geleistet wird.

Die Kolonialwarenläden sind jetzt 15 an der Zahl; sie beziehen alles vom Centralladen und erhalten vom letzteren für diese Einkäufe einen baren Vorschufs, so dafs Warenkredit nirgends stattfindet. Die Preise sind den der Privatläden ziemlich gleich, nur dafs eine Rückgewähr von ca. 5 % verteilt wird. Auch hier wird Brot am meisten umgesetzt und zwar an diejenigen, die aus irgend welchen Gründen vom Austräger nicht gekauft haben. In vielen Städten der Provinzen, wo genossenschaftliche Bäckereien existieren, und wo man dagegen ist, nebenher den Verkauf von Kolonialwaren aufzunehmen, weist man oft auf die beiden berühmten Genossenschaften hin, die mit ihren verschiedenen Kolonialartikeln nur relativ kleine Gewinne erzielen. Und wirklich, im Vergleich zum Brot sind die Einnahmen unbedeutend; im letzten Semester beträgt der Gewinn vom Brotverkauf 210 613 fr., derjenige der Kolonialwarenabteilung aber nur den zehnten Teil davon — 21 540 fr. Dennoch sind hier die Einnahmen und Gewinne rasch gestiegen, wenn man damit vergleicht, dafs im ersten Semester 1890 die ersteren 9 150, die letzteren 344 fr. ausmachten. Bedenkt man, dafs im verflossenen Semester für rund 197 000 fr. Butter, Mehl, Kaffee, Zucker, Seife u. dgl. verkauft wurde, also für weniger als 33 000 monatlich, so wird ersichtlich, dafs nur ein kleiner Teil der Genossen hier seine Bedürfnisse deckt, denn da die Genossenschaft gegen 17 000 Mitglieder zählt, ergiebt der Gesamtbetrag nicht ganz 2 fr. pro Kopf, ein Betrag, der natürlich weit hinter dem wirklichen Verbrauch der Mitglieder an Kolonialwaren zurückbleibt.

Der „Vooruit" hat nie eine Fleischerei eröffnet. Weder in Belgien, noch in anderen Ländern ist das Unternehmen je gelungen. Prof. Gide hat dafür verschiedene Gründe angeführt: nicht alles gekaufte Fleisch eignet sich zum Verkauf; die Arbeiterklasse braucht fast immer dieselben Stücke, so dafs es schwer ist, verschiedene Preise zu erzielen; dazu kommt, dafs das Fleisch nicht lange konserviert werden kann. Doch haben einige Genossenschaften auch Fleischereien, und die „Maison du Peuple" betreibt seit langer Zeit eine solche. Die Gewinne sind jedoch sehr gering, und oft endet das Semester mit Verlust; bei 100—150 000 fr. Verkaufserlös gewinnt die Genossenschaft kaum 1 %. Allmählich wird die Rückgewähr deshalb verringert, und während auf alle übrigen Einkäufe 5 % verteilt werden, bekommen die Mitglieder seit diesem Semester beim Einkauf von Fleischwaren nur noch 2 % gegen früher ebenfalls 5 %, die nicht weiter durchzuführen waren. Man legt wenig Gewicht auf diese beiden Läden, es ist uns aber nicht gelungen, eine präcise Erklärung zu erhalten, warum das Unternehmen so wenig floriert.

Es war ein wirkliches Fest für die ganze belgische Arbeiterpartei, ein Fest, dem auch viele ausländische Delegierte beiwohnten, als das neue Gebäude der Genossenschaft eröffnet wurde. Im neuen „Volkshaus" wurden auch neue Läden installiert, und zwar haben hauptsächlich zwei Abteilungen davon wesentlich profitiert: die „magasins d'aunages" und das Café.

Wir sahen schon beim „Vooruit", dafs die in Bons verteilte Rückgewähr oft dazu dient, von neuem Brot einzukaufen. Um dieses zu verhüten, ist in der „Maison du Peuple" ein solcher Bon erst nach zwei Monaten für Einkäufe in der Bäckerei gültig; wenn man ihn sofort verwerten will, mufs man andere Abteilungen dafür aufsuchen. Dies ist das eine Mittel, die Mitglieder der Genossenschaft auch an die Benutzung der anderen Abteilungen zu gewöhnen, ein zweites, wichtigeres ist die möglichst gute Erfüllung aller Ansprüche. In den neuen Räumen hat man versucht, dieses zu erreichen. Schon durch die mit recht grofsem Luxus ausgestatteten Räume wird der Kunde herbeigezogen; die beiden Stockwerke mit grofsen Schaufenstern rufen den Eindruck eines modernen Warenhauses hervor. Man greift auch zur Reklame, und anstatt Kragen „Carnot" oder „Gladstone" werden ähnliche Façons unter dem Namen bekannter socialistischer Führer, wie „Volders" oder „de Paepe" ausgestellt. Die Einnahmen sind seit der Übersiedlung ins neue Gebäude ums Doppelte gestiegen; sie betrugen pro zweites Semester (Juli bis Dezember):

|         | Semesterieller Erlös | Durchschnitt pro Tag | Gewinn |
|---------|----------------------|----------------------|--------|
| 1896 II. | 70 738              | 384                  |        |
| 1897 II. | 82 033              | 446                  | 5 625  |
| 1898 II. | 74 932              | 407                  |        |
| 1899 II. | 163 537             | 889                  | 12 583 |

Vor zehn Jahren machten Umsatz und Gewinn den zehnten Teil vom heutigen aus. — Es ist auch interessant zu erfahren, einmal wie grofs der Verkauf an Nichtmitglieder ist, und dann, welcher Teil der Mitglieder in der Genossenschaft einkauft. Das erste läfst sich leicht ermitteln: es wurden im letzten Semester 4935 fr. als 5 %ige Rückgewähr an die Mitglieder verteilt; um diese Summe zu erreichen, mufste für 98 700 fr. eingekauft werden. Der Verkaufserlös macht aber 163 537 fr. aus, folglich giebt der Rest von 64 837 fr. die an Nichtmitglieder verkauften Waren an; er beträgt gegen $^2/_5$ des ganzen Verkaufserlöses. Man sieht also, dafs viele Fremde ihre Stoffe, Wäsche und andere Toilettengegenstände von hier beziehen, und desto merkwürdiger ist es, dafs nur ein kleiner Teil der Mitglieder zu den Kunden dieser Abteilungen gehören; es läfst sich zwar nicht genau feststellen, aber da die halbjährliche Einkaufssumme nicht einmal 6 fr. pro Mitglied ausmacht, ein Betrag, für den hier in Frage stehende Artikel überhaupt kaum erhältlich sein dürften, so kann man schliefsen, dafs nur wenige ihre einschlägigen Bedürfnisse bei der Genossenschaft decken.

Wir wenden uns nun zu den Ateliers dieser Abteilung, deren die Genossenschaft eins für Herrenkonfektion und eins für Wäsche besitzt. Die bestellten wie auch zum Verkauf angefertigten Sachen werden hier nur zugeschnitten und dann zum Nähen ausgegeben. Aufserdem besteht eine Werkstatt, in der die bestellten Kleider nach der Anprobe fertig gemacht werden, um dem Heimarbeiter die Mühe wiederholten Transportierens zu ersparen, wenn die Kleider nach der Anprobe abgeändert werden müssen. — Die erste Frage, welche sich von selbst stellt, ist die, warum die Genossenschaft nicht in ihren eigenen Ateliers alles anfertigen läfst. Die Leiter führen verschiedene Gründe an, hauptsächlich sind es Konkurrenzgründe. Die Arbeit im Atelier kommt viel teurer zu stehen, denn in einer socialistischen Genossenschaft mufs man gewisse Prinzipien anerkennen, die unmöglich durchzuführen sind, wenn man mit den grofsen Kaufhäusern und ihrer Heimarbeit konkurrieren mufs. Das Beispiel des „Vooruit" sei wenig anregend; auch er hat sein System aufgeben müssen, da die Arbeiter, denen Minimallohn und Maximalarbeitstag zugestanden wurde, sich sehr wenig Mühe gaben, gewissenhaft ihre Arbeit zu erledigen. Es sind also rein kommerzielle Einwände, die aber nicht ganz stichhaltig erscheinen. Da die von der „Maison du Peuple" den Heimarbeitern gezahlten Löhne unbedingt besser sind als die bei den Konkurrenten üblichen, so steht sich die Genossenschaft, solange sie nicht zum Sweating greift, immer weniger günstig. Auch bei einem Stücklohnsystem könnte in den Genossenschaftsateliers ein Minimallohnertrag zugesichert werden, aber man meint, Stücklohn sei gegen die Prinzipien der Arbeiterpartei, und dabei vergifst man, dafs die Heimarbeit diesen Prinzipien noch mehr widerspricht. Es ist offenbar ein Kompromifs, zu dem man sich gezwungen sieht: man kann die Ateliers nicht so einrichten, wie man es möchte, um socialistische Prinzipien durchzuführen, anders aber will man sie nicht, und daher zieht man es vor, die alten, in der Branche allgemein üblichen Produktionsformen beizubehalten. In einigen Artikeln steht die Genossenschaft in Verbindung mit Genossenschaften von Produzenten; so bezieht sie ihre Schuhwaren zum Teil von der Schuhmachergenossenschaft in Brüssel und ihre Stoffe von einer Quasi-Genossenschaft in Ellezelles, von der wir noch zu sprechen haben werden; die Produzenten beklagen sich aber, dafs ihnen von den Genossenschaften zu wenig abgekauft wird. —

Noch mehr vielleicht hat das Café durch das neue Lokal gewonnen. Der neue, grofse helle Saal scheint sehr anziehend auf das Publikum zu wirken, und Sonntags findet man kaum Platz, woraus sich auch erklärt, dafs die Verkaufssumme des Sonntags die Hälfte des ganzen wöchentlichen Erlöses ausmacht; die niedrigen Preise bewirken, dafs der Umsatz dieses Cafés gröfser ist, als der irgend eines anderen von Brüssel. Wie alle socialistischen Genossenschaften, besafs auch die „Maison du Peuple" gleich von Anfang an einen Vereinssaal, in dem gelegentlich, pro Semester für einige Hundert Franks, Getränke verabreicht wurden, und hieraus hat sich das Café entwickelt; zu bemerken bleibt, dafs in dieser Abteilung keine Rückgewähr eingeführt ist. Seit 1895 besitzt die Genossenschaft zwei solche „Maisons du Peuple", die eine im Vorort, die nicht viel einbringt, die andere — seit dem vorigen Jahre im neuen Gebäude; hier sind die Einnahmen ums fünffache gestiegen, und zwar macht der wöchentliche Verkaufserlös im Winter rund 2500, im Sommer 3000 fr. aus, und das letzte Semester schlofs mit einem Reingewinn von 12 500 fr.

Wenn wir noch hinzufügen, dafs auch Kohlenverkauf durch die Genossenschaft stattfindet und dafs derselbe im letzten Semester gegen 15 000 fr. Reingewinn aufwies, so haben wir alle Handelszweige der Brüsseler Genossenschaft erwähnt. In einer Beziehung ist die „Maison du Peuple" anderen gewerblichen Genossenschaften vorausgegangen, sie ist nämlich dem landwirtschaftlichen Genossenschaftswesen näher getreten. Dieses hat in den letzten Jahren in Belgien einen grofsen Aufschwung genommen[1] und zwar wird es hauptsächlich von der katholischen Partei gefördert, während die socialistische Partei auf dem Lande zwar auch nicht ohne Erfolg „Bauernfang" getrieben, aber sich noch wenig mit der genossenschaftlichen Organisation der Landwirte befafst hat. Die Gründung der genossenschaftlichen Molkerei „De gode Boter" in Herffelingen war der erste Schritt in dieser Richtung, der, wie gesagt, durch die Brüsseler Genossenschaft gethan wurde, welcher $3/4$ der Anteile gehören. Da das politische Interesse hier die Hauptrolle spielte, suchte man gerade mitten in Flandern die Molkerei zu gründen. In den ersten zwei Jahren ihrer Existenz hatte sie zwar nur Verluste aufzuweisen, man hofft aber, dafs die Bilanz in diesem Jahr mit einem Gewinn schliefsen werde. Bisher waren es nur die Landbauern — Mitglieder und Nichtmitglieder —, welche ihre

---

[1] Man zählte 1898 269 Molkereien, während 1893 nur 18 existierten. Die Mitgliederzahl betrug 24 819 und der Verkaufserlös 12 802 785 fr. (Vergl. Exposé statistique de la situation des associations d'interêt agricole.)

Milch in die Dampfmolkerei brachten, jetzt will die „Maison du Peuple" selbst eine Anzahl Kühe kaufen und damit thätiges Mitglied der Molkereigenossenschaft werden. Die produzierte Butter wird an die Genossenschaft nach Brüssel geliefert, und seit dem Jahre 1899 wird auch die Milch direkt aus der Molkerei bezogen. Auf diese Weise kommt das gewerbliche Genossenschaftswesen mit dem ländlichen in Berührung, — eine Verbindung, die in anderen Ländern schon bekannt ist.

Der medico-pharmaceutische Dienst ist auch in der „Maison du Peuple" eingeführt. Im Jahre 1890 wurde er von Mitgliedern der Genossenschaft gegründet, existierte aber selbständig neben derselben. Ende 1892 wurde er, an dem sich gegen 700 Mitglieder beteiligten, der Genossenschaft übertragen und seit 1897 geht er unter dem Namen der Genossenschaft. Die Genossenschaft besitzt keine eigenen Apotheken, sondern bezieht die Medikamente aus Privatapotheken, dagegen sind hier Kassenärzte angestellt. Außer Mitgliedern der Genossenschaft selbst und deren Angehörigen können auch Mitglieder der verschiedenen Vereine, welche der „fédération bruxelloise du Parti Ouvrier" angehören, sich beteiligen.

Die Mitglieder der Genossenschaft haben nach einjähriger Mitgliedschaft Anspruch auf unentgeltliche ärztliche Beratung und Medizin. Die Angehörigen müssen, um dasselbe Recht zu erwerben, einen wöchentlichen Beitrag von 5 cent. zahlen und erhalten nach drei Monaten ärztliche Verordnungen, nach sechs Monaten auch die Medikamente umsonst; außerdem beziehen täglich ein Brot die erkrankten Mitglieder während 6 Monaten (maximum). Die Kosten der Krankenunterstützung betrugen:

| Semester | Betrag der wöchentlichen Kotisation fr. | Ausgaben fr. | Wert des verteilten Brotes fr. |
|---|---|---|---|
| 1897 I. | 2 780 | 9 697 | |
| 1897 II. | 3 682 | 13 653 | 6 389 |
| 1898 I. | 4 644 | 19 206 | 10 192 |
| 1898 II. | 4 892 | 19 206 | 6 504 |
| 1899 II. | 6 645 | 22 748 | 5 538 |

Die Tabelle zeigt, daß die Genossenschaft durchschnittlich pro Semester gegen 20 000 fr. für ihre kranken Mitglieder verausgabt.

Eine andere Einrichtung im Interesse der Mitglieder ist der auf dem Gegenseitigkeitsprinzip begründete Krankenversicherungsverein. Er existiert seit Mitte 1896 und steht im Zusammenhang mit dem medico-pharmaceutischen Dienst, welch letzterer sich nur langsam entwickelte, solange die Versicherung fehlte. Der Krankenversicherungsverein gewährt unentgeltliche Verpflegung, zugleich übernahm die Genossenschaft für ihre Mitglieder die früher von diesen an den Versicherungsverein gezahlten Beiträge. Aber abgesehen davon, erhalten die Mitglieder des Vereins durch verschiedene Kotisationen (1—2 fr. monatlich) eine fixe Summe während der Krankheit (2—3,50 fr. pro Tag). Diese Hülfskasse schien einem dringenden Bedürfnis zu entsprechen, denn schon im nächsten Semester zählte sie 1150 Mitglieder, eine Zahl, die eine gewisse Stabilität zeigt, da jetzt auch gegen 1500 Mitglieder der Genossenschaft dem Versicherungsverband angehören.

Der Progrès von Jolimont.

Während die beiden eben beschriebenen Genossenschaften in den beiden bedeutendsten Städten des Landes ihr Arbeitsfeld haben, erhebt sich in einem kleinen Ort des sogenannten Borinage — Kohlenbecken Centralbelgiens — eine Genossenschaft, deren Bedeutung nicht geringer, und deren Entwickelung vielleicht noch interessanter ist[1].

Im Jahre 1869 hörte man in dieser Gegend zum erstenmal einen socialistischen Redner. Es wurde viel über die Lage des Arbeiterstandes gesprochen und die Notwendigkeit einer Gründung „ökonomischer Läden" betont, worauf bald ein solcher unter dem Namen „Solidarité" gegründet wurde. Konsumvereine für Kolonialwaren und Stoffe wurden fast in jeder Gemeinde eröffnet, wo eine socialistische Rede gehalten wurde. Es waren Bildungen, die auf Anregung der Internationale ins Leben gerufen waren und, wie schon erwähnt, bald wieder eingingen. Die Einkäufe wurden auf eigene Rechnung einiger Personen gemacht, und gegen einen Beitrag von 25 cent. pro Woche erhielt man billigere Ware. Im Jahre 1872 kaufte der Verein „Union des métiers" mit Hülfe zweier anderer politischer Verbände ein Haus — die erste belgische „Maison du Peuple". — Mit dem Untergang der Internationale und derjenigen Vereine, für die das Haus gekauft worden war, entstand der Gedanke, hier eine Bäckereigenossenschaft zu gründen. Viele Jahre vergingen, ohne dafs der Gedanke verwirklicht wurde. Anfang der 80er finden wir die eifrigsten Debatten über die Genossenschaftsfrage. Man hält das Zustandekommen einer Genossenschaft für fraglich, da man fürchtet, dafs die durch Kreditinanspruchnahme von Privatlieferanten abhängigen Arbeiter den Beitritt nicht wagen würden. In einer langen Rede entwickelt einer der

---

[1] Geschichtlicher Überblick, vergl. Histoire du socialisme et de la coopération dans le centre, ed. Rousseau, 1894.

Befürworter den grofsen Nutzen der neuen Bäckereitechnik und führt namentlich dabei das Beispiel des „Vooruit" an. Man liefs sich bereden, die Hülfskasse „Solidarité" bewilligte eine Summe von 3000 fr., mit der 1886 im erweiterten Gebäude die Bäckerei eingerichtet wurde.

Dieser Anfang ist in zweierlei Hinsicht bemerkenswert. Erstens ist sofort mit der modernen Produktionsweise angefangen worden, ein Verfahren, dessen Bedeutung erst klar wird, wenn man bedenkt, dafs bis dahin die Einwohner fast ausnahmslos ihr Brot zu Hause gebacken hatten; es war also ein Sprung von der einfachsten Hausproduktion zum maschinellen Grofsbetrieb. Sogar jetzt, wo die Borbecköfen in Belgien gäng und gäbe sind, scheitert an vielen Orten, wo das Brot zu Hause gebacken wird, der Versuch mechanischer Produktion an der Gewohnheit der Konsumenten. So hat z. B. die recht bedeutende Genossenschaft in Lüttich — la Populaire — die neuen Öfen nicht einführen können. Für die Entwickelung des Bäckereigewerbes ist der kühne Schritt des „Progrès" nicht zu unterschätzen; es genügt, zu bemerken, dafs in den neuen Häusern keine Backöfen mehr eingerichtet werden, und die Hauswirtschaft immer mehr zurücktritt. — Die Möglichkeit, sofort im grofsen anfangen zu können, erklärt sich durch die andere Eigentümlichkeit der Gründung. Es sind hauptsächlich die Hülfskassen, die ihre Kapitalien in der Genossenschaft angelegt haben, und da die Mitglieder dieser Organisationen gleichzeitig Mitglieder der Genossenschaft wurden, so hatte diese von Anfang an eine Kundschaft von einigen Tausend Personen.

An die Bäckerei schlossen sich bald andere Abteilungen an; zunächst kamen zwei Apotheken hinzu, von denen schon gesprochen ist, später eine Fleischerei, die wie überall wenig einbringt, und schliefslich 1897 eine Bierbrauerei, die sich sehr rasch entwickelt hat. Dagegen besitzt die Genossenschaft weder eine Kolonialwaren-, noch Kleiderkonfektions-Abteilung, und es scheint, dafs die Leiter auf diese Artikel wenig Gewicht legen. — Das Brot à 2 kg wird zu 45 cent. verkauft, von denen 3 cent. an den Konsumenten zurückgelangen, ebenso wird das Bier à 10 fr. pro Hektoliter verkauft, von denen 1 fr. dem Konsumenten später rückgewährt wird. Die Brotproduktion bildet auch hier die Basis. Sie entwickelte sich, wie folgt:

1888 = 768 864, 1892 = 2 001 350, 1898 = 2 728 208 Brote.

Da die Brote je 2 Kilo schwer sind, so ist die Brotproduktion beinahe so grofs wie die des Vooruit. Gleicherweise liefert die Bäckerei den bedeutendsten Beitrag zu den Einnahmen: so im Jahre 1898 1 180 527 fr., zu einer Totaleinnahme von 1 614 461 fr., also gegen 73 %.

Die Entwickelung der Genossenschaft ist aus folgender Tabelle ersichtlich:

| Jahrgänge | Mitglieder | Einnahmen fr. | Gewinne fr. |
|---|---|---|---|
| 1888 | 2 848 | 648 070 | 22 857 |
| 1894 | 8 177 | 1 000 038 | — |
| 1898 | 12 394 | 1 614 461 | 141 643 |

Die Brauerei hat sich sehr rasch entwickelt.

| Semester | Produktion hl | Einnahmen fr. | Gewinne fr. |
|---|---|---|---|
| 1898 I. | 5607 | 57 400 | 12 464 |
| 1898 II. | 8623 | 87 083 | 21 060 |
| 1899 I. | } 22 051 | 102 670 | 28 408 |
| 1899 II. | | 120 703 | 31 892 |

Wenn in der Summe der Einnahmen die jüngere Branche weniger bedeutend ist, so scheint sie dagegen relativ vorteilhafter zu arbeiten: der Gewinn der Bäckerei beträgt nur 12 % des Erlöses, der des Bieres gegen 26 % (im letzten Semester).

Auch hier hat die Genossenschaft unentgeltliche Brotverteilung an kranke Mitglieder eingeführt; im letzten Semester wurde beispielsweise für 24 522 fr. Freibrot geliefert. Einige Tausend Franks werden jährlich für Parteizwecke verbraucht.

Die Kundschaft ist im ganzen Kohlenrevier zerstreut, und so kommen die Vorteile des „Progrès" einem grofsen Bevölkerungskreis zu gute.

Nach dem Muster der hier ausführlicher geschilderten Genossenschaften sind die übrigen organisiert. Auch der jetzt so starke „Werker" von Antwerpen (juristisch nicht Genossenschaft, sondern — société en nom collectif) hat mit kleinen Ersparnissen der Arbeiter angefangen, ebenso die „Populaire" von Lüttich. Beide sind in erster Linie Bäckereien, welche verschiedene Verkaufsläden besitzen und Wohlfahrtseinrichtungen unterhalten; auch hier wird zu ortsüblichem Tagespreis verkauft und die Rückgewähr in Bons verteilt. — Einige Organisationen weichen jedoch von den älteren Mustern ab. So ist die Genossenschaft von Wanfercée-Baulet (Verkauf von Nahrungsmitteln), nachdem sie seit 1886 demselben System gefolgt war, seit einigen Jahren zu einem anderen übergegangen: die Mitglieder wollen billige Ware haben, und es wird ihnen deshalb zum Selbstkostenpreis verkauft; auch müssen hier die Mitglieder aufser der Eintrittssumme von 12 fr. monatliche Beiträge von 50 cent. leisten, was anderweit nicht üblich ist. Gleicherweise ist diese Genossenschaft die einzige uns bekannte, welche nur an Mitglieder verkauft. Eine andere Genossenschaft, die Bäckerei von Boussu-lez-Walcourt, verteilt die Dividende überhaupt nicht, sondern sammelt diese für einen Versicherungsfonds an, der 60 jährigen Mitgliedern, welche 30 Jahre der Genossenschaft angehört haben, zu gute kommen soll.

Ganz besonders aber müssen diejenigen eigenartigen Organisationen Erwähnung finden, welche unter dem Namen „groupes économiques" bekannt sind. Es sind nichteingetragene Genossenschaften ohne offenen Laden, die den Zweck verfolgen, gemeinschaftliche Einkäufe für einen bestimmten Bekanntenkreis zu machen. In einer Privatwohnung ist eine Warenniederlage eingerichtet, die einige Mal wöchentlich auf einige Stunden geöffnet wird, und wobei alle Mitglieder der Reihe nach die Pflichten des Ladenhalters erfüllen. Das Eintrittsgeld beträgt 3—5 fr., aufserdem wird noch eine kleine Kaution hinterlegt (gewöhnlich 25 fr.), gegen welche den Mitgliedern Kredit gewährt wird, und die teilweise der Genossenschaft auch als Betriebskapital dient. Diese „groupes" existieren fast nur in der Lütticher Gegend, und zwar soll es ihrer gegen 150 geben mit etwa 4500 Mitgliedern[1]. Vor 15 Jahren waren diese Vereine noch ganz unbekannt, seit 1895 entwickeln sie sich jedoch sehr rasch. Sie gehören keiner bestimmten Partei an, sind aber zumeist socialistisch, obgleich die socialistischen Genossenschaften sie stark bekämpfen. Seit einigen Jahren besteht eine Art von Verband zwischen den einzelnen Vereinen, deren Vertreter sich von Zeit zu Zeit versammeln, um gemeinsame Angelegenheiten zu besprechen. Die Vorzüge ihrer Organisation erblicken diese Vereine darin, dafs sie viel gröfsere Dividende verteilen können, weil sie gar keine Ausgaben haben; weder Wohnung, noch Personal kostet ihnen etwas, und da sie nur an ihre Mitglieder verkaufen, glaubten sie steuerfrei zu sein. Die letztere Hoffnung ging nicht in Erfüllung, denn nachdem die Behörden von ihnen erfahren hatten, sind sie seit dem vorigen Jahre zur Steuerzahlung herangezogen worden.

Diese „groupes" sind nichts anderes als eine primitive Genossenschaftsform, wie sie auch in Belgien schon zu Anfang der Genossenschaftsbewegung bekannt war. Bei weiterer Ent-

---

[1] Nach Aussagen des Vorsitzenden des Verbandes; eine Statistik existiert naturgemäfs nicht.

wickelung werden sie sich wahrscheinlich als Genossenschaften eintragen lassen.

### C. Die katholischen Genossenschaften.

1891 wurde in Belgien die katholisch-sociale Reformpartei „Ligue démocratique belge" gegründet. Laut Art. 1 ihrer Statuten strebt sie danach: a) die moralische und materielle Lage des Arbeiterstandes zu heben, b) den Frieden zwischen Kapital und Arbeit herzustellen. Hülfskassen, Gewerkvereine, Genossenschaften sind die Mittel, dieses Ziel zu erreichen. In Belgien nun, wo die katholische Partei am Ruder ist, und die Socialisten eine rasch wachsende Minorität bilden, entspinnt sich ein Kampf zwischen beiden Parteien nicht nur im Parlament, sondern auch im praktischen Leben. Die katholischen Vereine stellen sich den Kampf mit dem Socialismus zur direkten Aufgabe und suchen mit denselben Mitteln auf die Arbeiterklasse einzuwirken, durch die es den Socialisten gelungen ist, in kurzer Zeit so viele Anhänger zu werben.

Schon in der päpstlichen Encyklika „rerum novarum" wird die Nützlichkeit einer Arbeiterorganisation betont, und als seitens verschiedener katholisch-social gesinnter Männer Einwände erhoben und auf die Gefährlichkeit solcher Organisationen hingewiesen wurde, lautete die päpstliche Antwort, man dürfe die Arbeiter nicht in die Arme der Socialisten treiben. Wie dieses Motiv in der katholischen Gewerkvereinsorganisation eine grofse Rolle spielt, so ist es für die genossenschaftlichen Bestrebungen der Partei ein nicht minder bestimmender Faktor. Viele der hier darzustellenden Genossenschaften nennen sich „antisocialistisch" und suchen gerade diejenigen Orte auf, wo eine socialistische Genossenschaft schon besteht. Zwischen beiden Instituten entspinnt sich dann die Konkurrenz, und manchmal mufs die eine scheiden und ihrer Gegnerin das Feld räumen. Es ist hier zu bemerken, dafs die katholischen Genossenschaften im allgemeinen mit gröfseren Schwierigkeiten zu kämpfen haben als die socialistischen. Schon der Gründung treten oft Hindernisse entgegen, die den socialistischen unbekannt sind. So mufs z. B. die katholische Partei die Interessen des Kleinhandels in Betracht ziehen, denn die kleine Bourgeoisie gehört ihr fast ausnahmslos an und sucht bei ihr ihre Rettung; die Erhaltung des Mittelstandes gehört zum Programm, und schon deshalb ist die Gründung von Genossenschaften mit ihrer vernichtenden Konkurrenz erschwert. Dazu kommt, dafs die socialistischen Genossenschaften früher ins Leben gerufen sind und schon hierdurch an vielen Orten eine gewisse Priorität besitzen. Endlich ist in der Arbeiterklasse die socialistische Gesinnung doch stark, ja in überwiegendem Mafse verbreitet, und den neuen katholischen Genossenschaften fällt es deshalb schwer, Mitglieder zu finden. Sehr oft werden Privatkapitalien zu Hülfe gerufen, ja, um Arbeiter einer Gegend von Einkäufen in socialistischen Läden abzuhalten, kommt es vor, dafs Personen, welche aufserhalb der Arbeiterklasse stehen, einen Laden eröffnen, der den Konsumenten dieselben Vorteile gewähren soll[1].

So sind im grofsen und ganzen gegenwärtig die katholischen Konsumvereine weniger zahlreich und bedeutend als die socialistischen. Der „Ligue démocratique" gehören 31 an, aber aufser diesen giebt es andere, die officiell ihren politischen Charakter nicht hervortreten lassen und deshalb nicht registriert werden können. Folgende Tabelle zeigt, wie an denselben Orten Genossenschaften beider Parteien nebeneinander bestehen und dieselben Handelsoperationen treiben.

(Hierzu die Tabelle S. 55.)

Wir sehen, dafs in den meisten Fällen die katholischen Genossenschaften später kommen und weniger bedeutend sind. Eine Ausnahme bildet „Les ouvriers réunis", die bedeutendste katholische Genossenschaft, bei der wir einen Augenblick verweilen müssen.

### Les ouvriers réunis, Charleroi.

Das Beispiel der socialistischen Genossenschaften führte auch die katholischen Arbeiter des Kohlenbeckens von Charleroi auf den Gedanken, ein ähnliches Institut zu gründen, und zu Beginn der neunziger Jahre wurde diese Idee in Charleroi durch die Gründung der „ouvriers réunis" verwirklicht. Der Anfang wurde mit einer Bäckerei gemacht, zu der später eine Bierbrauerei hinzukam; seit 1897 ist die Genossenschaft im Besitz einer Mälzerei. Die Anteile von 25 fr., von denen jedes Mitglied eine unbegrenzte Anzahl besitzen kann, werden mit 4 % verzinst, die Gewinne nach dem Konsum verteilt. Brot wird auch an Nichtmitglieder verkauft, welche aber kaum 5 % ausmachen; Bier dagegen nur an Mitglieder. — Die Rückgewähr beträgt 2 cent. pro Brot und 40—50 cent. pro Hektoliter Bier und wird in bar ausgezahlt. — Die Genossenschaft, welche 1892 1232 Mitglieder zählte, hat jetzt deren 7414. Die Brotproduktion betrug im letzten Jahre gegen 3 $\frac{1}{3}$ Millionen Kilogramm, und es wurden im selben Jahre 19 000 Hektoliter Bier gebraut. Die Gewinne betrugen 1895

---

[1] So wurden wir in einem Dorfe, wo wir eine Genossenschaft aufsuchten, gefragt, ob es die Arbeitergenossenschaft oder die „des Barons" sei, die wir suchen.

| Ort | | Name | Gründungs-jahr | Artikel | Mitglieder-zahl | Verkaufserlös (letztes Jahr) fr. | Gewinn fr. |
|---|---|---|---|---|---|---|---|
| Gent . . . . | { Soc. | Vooruit | 1880 | } Bäckerei, Kolonialwaren, | 7 000 | 2 500 000 | 148 000 |
| | Kath. | Het Volk | 1896 | } Kohlen, Kleiderstoffe etc. | 1 400 | — | 35 000 |
| Jolimont . . . . | { Soc. | Progrès | 1886 | } Bäckerei | 12 000 | 1 180 527 | 113 820 |
| Morlanwelz . . . | Kath. | Le bon grain[1] | 1893 | | 5 600 | gegen 1 000 000 | 74 197 |
| Jolimont . . . . | { Soc. | Progrès | 1897 | } Bierbrauerei | — | 223 373 | 60 000 |
| Houdeng-Goegnies | Kath. | Union des Ouvriers | 1896 | | 1 725 | gegen 120 000 | 15 000 |
| Lüttich . . . . | { Soc. | La Populaire | 1887 | } Bäckerei etc. | 5 000 | 1 200 000 | 75 000 |
| | Kath. | S. e. St. Joseph | 1890 | | 1 136 | 186 000 | 13 550 |
| Charleroi-Roux . | { Soc. | Concorde | 1895 | } Bäckerei | 3 400 | 586 000 | 5 950 |
| | Soc. | Le travail | 1895 | Bierbrauerei | — | 84 360 | 3 528 |
| Charleroi. . . . | Kath. | Les ouvriers réunis | 1891 | Bäckerei und Bierbrauerei | 7 414 | — | 37 220 |
| | | | | | — | — | 33 840 |

[1] In Form einer Aktiengesellschaft konstituiert.

27 000 fr., 1899 48 000 fr. Auch in dieser Genossenschaft bestehen Wohlfahrtseinrichtungen für die Mitglieder. Seit 1896 besteht eine Hülfskasse, die kranken Mitgliedern, die ein halbes Jahr der Genossenschaft angehören, zwei Monate hindurch gratis täglich ein Brot liefert; 1898 wurden für 7368 fr. Freibrot verteilt. Aufserdem gewährt die Genossenschaft im Todesfalle eines Mitgliedes der Familie eine Geldsumme, auf die die Angehörigen ohne bestimmte Beitragsleistungen einen Anspruch haben; Vorbedingung ist allein, dafs der Verstorbene drei Jahre hindurch regelmäfsiger Brotabnehmer war. Das Sterbegeld bemifst sich nach dem vom Verstorbenen erzielten Gewinne, kann aber nicht unter 30 und nicht über 300 fr. ausmachen. Es wurden im letzten Jahre 532 fr. dafür verausgabt. — Auch indirekt werden den Mitgliedern Unterstützungen gewährt, indem sie mit anderen Wohlfahrtsvereinigungen in Verbindung gebracht werden, z. B. ist ihnen der Eintritt in einen Bauverein und eine Altersversicherungskasse erleichtert. Man sieht, dafs die Organisationsprinzipien dieselben sind wie in den socialistischen Genossenschaften. —

Die übrigen katholischen Organisationen besitzen zum Teil Bäckereien mit Verkaufsläden, zum Teil nur Verkaufsläden und sind nach Gegenden ganz ebenso verteilt wie die socialistischen. So existiert in Brüssel eine recht bedeutende Bäckerei ohne ausgesprochenen politischen Charakter — „l'économie sociale". Die Gründer, wie die Mitglieder gehören aber der klerikalen Partei an. Die Anteile à 10 fr. werden sofort oder allmählich durch zurückgehaltene Dividenden vollbezahlt. Man unterscheidet 1. parts de fondation, Anteile, die den Gründern gehören, welche nicht Konsumenten waren oder sind. Diese Anteile werden allmählich getilgt und dadurch in 2. parts de jouissance verwandelt, d. h. solche Anteile, die blofs zu nichtmateriellen Rechten, der Teilnahme an Versammlungen z. B., berechtigen. 3. Die dritte Art besteht aus den parts des coopérateurs, d. h. den gewöhnlichen Anteilen der Konsumenten. Daraus ist zu ersehen, dafs diese Genossenschaft eine Übergangsform bildet von derjenigen, wo die Gewinne nach dem angelegten Kapital verteilt werden, in diejenige, wo der Konsum als Verteilungsmafsstab dient.

Die Bäckerei ist mit den neuesten Einrichtungen versehen, und die Produktion beträgt gegen 4000 kg täglich. Das Schicksal der Reingewinne ist unbekannt. — Auch die grofse Brauerei von Houdeng-Goegnies verteilt die Dividende nach dem Konsum und nach der Kapitalanlage und ist darin der früheren Organisation der socialistischen Brauerei von Charleroi ähnlich. Im Borinage finden wir katholische Bäckereien in Orten, wo es socialistische schon giebt, z. B. in Jemappes. In der Lütticher Gegend, wo, wie wir schon gesehen haben, namentlich die Kaufläden sich eingebürgert haben, existieren ebenfalls solche beider Richtungen, so in Seraing und Flémalle Grande.

Charakteristisch für die Gründung von Quasi-Genossenschaften, an denen die Arbeiter gar nicht beteiligt sind, und wo also die Selbsthülfe keine Rolle spielt, ist die Bäckerei „Le Bon Grain", welche der socialistischen Genossenschaft „Le Progrès" Konkurrenz machen sollte. Juristisch hat sie die Form der Aktiengesellschaft (société anonyme) angenommen, sie dient aber nicht Erwerbs-, sondern gemeinnützigen Zwecken, giebt 85 % der Gewinne in eine Altersversicherungskasse und erstattet den Konsumenten die übliche Rückgewähr pro Brot. Der Arbeiter, der hier dieselben Vorteile wie in der Genossenschaft geniefst, tritt gerne bei, und das politische Ziel, ihn dem Socialismus zu entreifsen, wird bis zu einem gewissen Grade erreicht. Dafs solche Gesellschaften den Arbeitergenossenschaften das Bestehen wirklich erschweren können, erklärt sich schon daraus, dafs die Kapitalkraft hier eine viel bedeutendere ist, wie sie z. B. bei der Gründung der ebengenannten Bäckerei 100 000 fr. betrug. —

Fassen wir das über die Genossenschaften der Konsumenten Gesagte zusammen, so ergiebt sich folgendes. Das politische Moment, welches sie in den meisten Fällen charakterisiert, hat verschiedene Wirkungen gehabt, es ist ihre starke, wie ihre schwache Seite. Die starke Seite besteht darin, dafs die politisch organisierten Genossenschaften ein viel einheitlicheres, kompakteres Ganze bilden. Alle Mitglieder gehören gleichsam einer höheren Einheit an; sie begnügen sich nicht damit, ihre Einkäufe in den genossenschaftlichen Läden zu machen, sie werden durch ein stärkeres Band verbunden. Die Genossenschaft soll ihnen das geben, was ihnen anderswo versagt wird: Hülfe in Krankheitsfällen, Pension in alten Tagen, ein Versammlungslokal, wo man sich nach der Arbeit ausruhen und mit Gesinnungsgenossen zusammenkommen kann u. s. w. Handelt es sich um eine Wahltaktik oder um einen Streik — immer ist die Genossenschaft die Seele des Unternehmens: in den Vereinssälen wird diskutiert, und die Hülfssummen fliefsen aus der Genossenschaftskasse. Aber auch eine schwache Seite hat der politische Charakter: das wirtschaftliche Ziel der Genossenschaft wird oft hinter das politische auf den zweiten Platz gewiesen. So wird der Gründungsort für eine neue Genossenschaft nicht immer den wirtschaftlichen Bedürfnissen entsprechend gewählt, sondern man sucht Gegenden auf, wo die Parteiorganisation noch nicht stark genug vertreten ist. Es entstehen hierdurch Genossenschaften verschiedener, gegnerischer Parteien nebeneinander; kaum hat sich ein socialistischer Konsumverein irgendwo gegründet, so folgt ihm in Bälde ein katholischer, und auf diese Weise giebt es in einer Stadt mehrere solcher Institute, in einer anderen dagegen kein einziges; oft wird der Konkurrenzkampf so heftig geführt, dafs die eine Partei ihr Unternehmen aufgeben mufs.

Wenden wir uns zu den den Mitgliedern gewährten Vorteilen, so sind sie mit den Worten „billigere und bessere Ware" fast erschöpft. Die Bäckereien führen ihren Mitgliedern gröfsere Dividenden zu, wo sie noch andere Abteilungen haben, beschränken sie sich auf 5—6 %ige Rückgewähr, was so wenig anlockend wirkt, dafs — wie wir gesehen haben — der gröfste Teil der Mitglieder in der Genossenschaft gar nicht einkauft. Diejenigen Verkaufsläden, welche gröfsere Beträge zurückerstatten, sind gewöhnlich die weniger bedeutenden, so z. B. die „groupes économiques" der Lütticher Gegend, welche 15—17 % verteilen. Das ist hauptsächlich der Grund, warum die Konsumvereine dort, wo sie nicht im Dienste der Politik standen, seitens der radikalen Kreise sich nie einer besonderen Sympathie erfreut haben. Die Franzosen blicken mit einer gewissen Verachtung auf die „boutiques d'épiciers" herab, welche nichts anderes im Sinne haben, als ihren Mitgliedern einige Pfennige zu ersparen, womit man jedoch ihr Wesen und ihre sociale Bedeutung verkennt.

Das Hauptcharakteristikum der Konsumentengenossenschaft liegt darin, dafs sie den Interessen eines bestimmten Kreises dient, und selbst daran interessiert ist, diesen Kreis möglichst zu vergröfsern. Jedes neue Mitglied stärkt die Genossenschaft, und da ihr Ziel gröfstmöglicher Absatz ist, so dient jeder neue Konsument diesem Ziel. So werden die Kreise der Beteiligten immer erweitert, die Interessen des Einzelnen und der Gesamtheit sind solidarisch. In dieser Hinsicht befindet sich die Konsumentengenossenschaft in direktem Gegensatz zu der Genossenschaft von Produzenten, welche, wie wir sehen werden, bei gröfserer Entwickelung an einer Abschliefsung gegen neue Mitglieder interessiert ist. Dieser Unterschied der „föderalistischen" und der „individualistischen" Genossenschaft, wie beide Arten genannt werden, ergiebt einen weiteren. Die allmähliche Entwickelung vom kleinen zum grofsen erfolgt, ohne dafs irgend welche Opfer gebracht werden müssen; im Gegenteil, an neuen Beitritten zur Genossenschaft ist jedes Mitglied interessiert, und deshalb entwickelt sich der Kleinhandel zum Grofshandel, der Kleinbetrieb zum Grofsbetrieb ganz von selbst, ohne dafs irgend ein Genosse geschädigt wird. Die Genossenschaft wird zu einem Mittel der grofsindustriellen Entwickelung mit allen den Vorzügen, die der letzteren eigen sind. — Sehen wir die belgischen Bäckereien an, aus kleinen Bäckerstuben sind Brotfabriken geworden, billigeres Brot, schnellere Produktion, hygieinischere Einrichtungen, bessere Arbeitsverhältnisse waren die Folgen. Und überall, wo die Entwickelung so vorgeht, müssen dieselben Resultate eintreffen. Nicht alle Gewerbe lassen sich genossenschaftlich organisieren, diejenigen aber, deren Produkte dem unmittelbaren Konsum dienen und deshalb von Organisationen, welche den Interessen der Konsumenten dienen, betrachtet werden können, müssen unter diesem Gesichtspunkt betrachtet werden. Es handelt sich nicht um Umgestaltung der modernen wirtschaftlichen Verhältnisse durch genossenschaftliche Organisation, sondern lediglich um Modifizierung einiger Betriebszweige. Wie der Staat einerseits immer gröfsere Betriebe in seine Hände nimmt, so thut es andererseits die Genossenschaft der Konsumenten. Das Prinzip bleibt dabei dasselbe. Der Staat sucht das zu verstaatlichen, was sich nach seinen Anschauungen für den Staatsbetrieb eignet, und dessen staatliche Verwaltung im Gesamtinteresse der Bevölkerung liegt, die Konsumenten organisieren das, was ihren speciellen Bedürfnissen entspricht. Oft können die beiden Formen (staatliche und genossenschaftliche) sich ergänzen, so z. B. bei der Organisation des Verkehrs, welcher rein genossenschaftlich nicht organisiert werden kann. Das Ziel aber, den Bedarf durch die Bedürftigen zu decken und diese nicht von aufserhalb stehenden Unternehmungen abhängig zu machen, ist in beiden Fällen dasselbe. Solange die Konsumvereine sich auf Verkaufsläden beschränken, schaffen sie nur direkte Beziehungen zwischen Grofshändler und Konsumenten, wenn sie sich auf die Produktion verlegen, stellen sie den Produzenten in direkte Berührung mit dem Konsumenten. Erreicht ist in dieser Hinsicht in England mehr als anderswo, doch fabrizieren auch dort die beiden „Wholesale Societies" nur 18 % von dem, was sie verkaufen. Immerhin ist das der Weg, den die genossenschaftliche Entwickelung geht, und dem die Zukunft gehört[1]; die doppelte Aufgabe der Konsumenten-Genossenschaften, die Organisation des Absatzes und die Hinüberleitung der Produktion zum Grofsbetrieb, tritt dabei klar zu Tage.

## D. Die Arbeitsverhältnisse der Angestellten in Konsumentengenossenschaften.

Die Konsumvereine sind immer in einem Punkte angegriffen worden; es wird behauptet, sie ändern nichts an der Lage ihrer Angestellten, der Unternehmergeist entwickele sich

---

[1] Die Frage, ob Konsumvereine sich auf Produktion verlegen sollen, ist auf die Tagesordnung des bevorstehenden Kongresses in Paris gestellt. Wir glauben, dafs hier nur eine bejahende Antwort möglich ist.

so stark, dafs die Lage des angestellten Personals keine günstige sein könne. Schon auf dem Kongrefs der britischen Genossenschaften von 1893 hat Maxwell darauf hingewiesen, dafs der gröfste Teil der Genossenschaften die Lage ihrer Angestellten vollständig ignoriert, ihnen keine Sonnabendnachmittagsruhe gönnt und an Werktagen sie zu lange beschäftigt. Auch dafs die englische „Wholesale Society", im Gegensatz zu der schottischen, ihre Arbeiter am Gewinn nicht beteiligen will, hat zu vielen Anfechtungen Veranlassung gegeben. — Der Konsumverein, als Organisation, die im Interesse des Konsumenten besteht, ändert ja an den Beziehungen zwischen Arbeit und Kapital prinzipiell nichts, denn gleich allen Privatunternehmungen sind die Konsumvereine an der Verbilligung der Produktionskosten interessiert. Wenn wir dennoch die Frage der Arbeitsverhältnisse hier streifen wollen, so geschieht das aus zwei Gründen: erstens haben in letzter Zeit die Arbeitsverhältnisse die Aufmerksamkeit der Konsumenten überhaupt auf sich gelenkt, man denke an die amerikanische Liga der Konsumenten, welche einen starken Druck auf die Unternehmer ausübt, den sweating zu beseitigen sucht etc., und es ist daher nicht ohne Interesse, zu sehen, wie die Konsumenten in ihren eigenen Unternehmungen handeln. Zweitens gehören die belgischen Konsumvereine Parteien an, welche für das Wohl des Arbeiterstandes eintreten; es ist deshalb zu untersuchen, inwieweit ihre Prinzipien in ihren eigenen Unternehmungen verwirklicht werden. —

Die belgischen Konsumvereine haben den Arbeitsverhältnissen ihrer Angestellten besondere Aufmerksamkeit geschenkt, namentlich sind es die socialistischen Genossenschaften, welche stolz darauf sind, dem englischen Muster nicht gefolgt zu sein. Eins mufs aber von vornherein bemerkt werden, die grofse Konkurrenz, die ihnen gemacht wurde und gemacht wird, erschwert die Verwirklichung der gefafsten Pläne, und oft sind deshalb trotz der besten Vorsätze die Arbeitsverhältnisse nicht auf der gewünschten Höhe. — Die Bäckereien müssen zuerst in Betracht gezogen werden. Die Gröfse der Produktion hat es ermöglicht, Tag und Nacht zu arbeiten und Schichten zu je 8 Stunden einzuführen. Die Bedeutung dieser Reform, die bei ihrer Inaugurierung ebensoviel Gegner unter den Genossenschaften wie unter den Arbeitern selbst hatte, ist nicht zu unterschätzen, wenn man an die Lage der Arbeiter im Bäckergewerbe überhaupt denkt; der 12—14stündige Arbeitstag ist auch in Belgien keine Seltenheit, die Gewerkschaftsorganisation ist schwach und hat keinen Einflufs. Die Löhne der Bäcker betragen in den grofsen Genossenschaftsbäckereien 5 fr. pro Tag, während sie in den Privatbäckereien oft nur die Hälfte davon ausmachen. Die „Maison du Peuple" in Brüssel beschäftigt 60 Bäcker, der „Vooruit" 38, der „Progrès" von Jolimont 40, und alle diese Genossenschaften haben den achtstündigen Arbeitstag eingeführt, wenn die Lohnsätze untereinander auch etwas abweichen; in Brüssel werden 5 fr. pro Tag gezahlt, in Jolimont 2 fr. 60 cent. pro 100 Brote, mit einem Minimallohn von 4 fr. 56 cent. pro Tag, was gewöhnlich 5 fr. 25 cent. pro Tag ausmacht, und in Gent 4 fr. Auch in der „Populaire" von Lüttich sind die achtstündigen Schichten eingeführt bei einem Lohnsatz von 55 cent. pro Stunde, also 4 fr. 40 cent. täglich. Der „Werker" von Antwerpen hat trotz der grofsen Produktion keinen achtstündigen Arbeitstag, dagegen existiert ein solcher in kleineren Genossenschaften, wie in der „Concorde" von Roux und im „Prolétaire" von Louvain. Im grofsen und ganzen ist natürlich ein gewisser Umfang der Produktion eine notwendige Voraussetzung günstiger Arbeitsverhältnisse auch in den genossenschaftlichen Bäckereien; dort, wo nur in der Nacht gearbeitet wird, und blofs eine Schicht besteht, da ist der achtstündige Arbeitstag fast unmöglich, herrscht in der Regel die zehnstündige Arbeitszeit vor. Dieselbe Arbeitsdauer finden wir auch in den meisten katholischen Genossensschaften; in den Beamtenkonsumvereinen läfst sich keine bestimmte Arbeitszeit feststellen, jedenfalls ist sie eine günstigere als in den Privatunternehmungen.

Neben den Bäckern sind noch Austräger in den Bäckereien beschäftigt. Ihr Lohn ist gewöhnlich dem der Bäcker gleich, die Arbeitszeit aber länger. Oft werden sie nach der verkauften Quantität bezahlt: so bekommen die Austräger beider Genossenschaften von Charleroi, der socialistischen und der katholischen, neben einem fixen Lohn noch 1 cent. für jedes über eine bestimmte Summe verkaufte Brot; (und zwar fängt in der socialistischen der Zuschlag bei 200 Broten an, neben einem fixen Lohn von 4 fr. 30 cent., in der katholischen bei 1800, neben einem solchen von 4 fr.). Diese Löhne können nur mit den hohen Löhnen der skilled labourers Belgiens verglichen werden, und dabei ist zu berücksichtigen, dafs die Austräger nicht zu den gelernten Arbeitern gehören: ebenso wie die Bäcker in den socialistischen Genossenschaften sind diese oft Arbeiter aus anderen Berufen, welche ihrer politischen Überzeugungen wegen frühere Stellen verloren haben. Eine Forderung, die an die Arbeiter der socialistischen Genossenschaften gestellt wird, ist die Zugehörigkeit zur gewerkschaftlichen Organisation und die Mitgliedschaft beim betreffenden Konsumverein; dadurch werden die Beziehungen zwischen Genossenschaft und Gewerkschaft gefördert, und der Arbeiter sorgt für seine Interessen als Produzent und als Konsument. —

Wenden wir uns von den Bäckereien, wo die Arbeitsverhältnisse in den Genossenschaften mit denen der individualistischen Unternehmungen gar nicht verglichen werden können, zu den anderen Produktionsateliers und Verkaufsläden, so tritt dieser Unterschied nicht so klar zu Tage. Der „Vooruit", welcher den übrigen Genossenschaften in vielen Beziehungen ein Muster gewesen ist, hat überall mustergültige Arbeitsverhältnisse einführen wollen. In seinen Werkstätten, wo Schuster, Schuh- und Weifsnäherinnen beschäftigt waren, bestanden Mindestlöhne und für Frauen der achtstündige Arbeitstag. Es dauerte jedoch nicht lange, da mufste die praktische Verwirklichung theoretischer Prinzipien aufgegeben werden, und zwar lagen die Gründe teils in der erschwerten Konkurrenz, teils in dem Verhalten der Arbeiter. Letztere gaben sich zu wenig Mühe und thaten nach der Behauptung der Leiter nicht ihre Schuldigkeit. Die 20 jetzt in der Schusterwerkstatt beschäftigten Arbeiter stehen sämtlich im Stücklohn, ohne dafs ein Mindestlohn existiert; die Zahl der in der Werkstatt beschäftigten Arbeiter ist herabgesetzt, und ein grofser Teil der Arbeit wird an Heimarbeiter vergeben [1]. — Die „Maison du Peuple" von Brüssel hat bis jetzt keine eigenen Werkstätten für die beschäftigten Schneider und Näherinnen; man zieht es vor, diese Arbeit Heimarbeitern zu überlassen, weil man eben die Ateliers nicht so gestalten kann, wie man es möchte. Der Grund dafür liegt am wenigsten bei den Genossenschaftsleitern, sondern vielmehr darin, dafs in diesen Zweigen die Genossenschaften an Bedeutung hinter der Privatindustrie zurückstehen und der Absatz so gering ist, dafs sie dabei kaum bestehen könnten, wenn sie andere Prinzipien befolgten als die Privatunternehmer. Andererseits verfolgt die socialistische Genossenschaft auch ein finanzielles Ziel, einen möglichst grofsen Gewinn zu Agitationszwecken, und dieses weitere Ziel hält vielleicht von einem näheren — der Hebung der Lage der beschäftigten Arbeiter — ab. Dennoch ist es unzweifelhaft, dafs im Vergleich zu den Privatunternehmungen die Arbeitsverhältnisse bei den Genossenschaften günstiger sind; der „Vooruit" zahlt den Schneidern 25—30 % mehr als in Gent üblich ist, den Näherinnen sogar 100 % (so für 12 Knabenhemden 1 fr. 42 cent. gegen 70 cent. der Konkurrenten). Die Schneider der „Populaire" in Lüttich erhalten für das Nähen eines Rockes 4 fr. 50 cent., einer Weste 1 fr., einer Hose 1 fr. 25 cent., während bei gleichem Stoff in Lüttich 3 fr. für Rock und je 75 cent. für Weste und Hose gezahlt werden. — Die „Maison du Peuple" lohnt ihre pompiers („Dachschneider") mit 30 fr. pro Woche

---

[1] Die Vorgänge im „Vooruit" haben die verschiedensten Anfechtungen in der Presse Belgiens hervorgerufen. Die einen suchten nachzuweisen, die socialistische Genossenschaft beruhe auf einem Ausbeutungssystem, die anderen verkündeten ein Fiasko der von der Genossenschaft vertretenen Prinzipien. Vergl. darüber: Dewinne, Le Vooruit et ses détracteurs, 1896.

bei zehnstündigem Arbeitstag; im Café derselben Genossenschaft werden die Kellner bezahlt, ohne auf Trinkgelder angewiesen zu sein, sie erhalten 50 cent. pro Stunde und arbeiten durchschnittlich 60 Stunden wöchentlich. Vielleicht verdienen sie dabei weniger als viele Kellner anderer Restaurants, aber ihr Gehalt ist sicher, und die überlange Arbeitszeit, die im Kellnerberufe sonst vorherrscht, ist ihnen unbekannt. —
Die Gehälter der Ladenverkäuferinnen sind zu verschieden, um verglichen werden zu können. In Brüssel erhalten sie — nach persönlichen Angaben des Gewerkvereinssekretärs — 40—75 fr. monatlich, wobei der Arbeitstag von 8 Uhr früh bis 8, 9, 10 Uhr abends dauert. In der Brüsseler Genossenschaft, welche vielleicht mehr als die anderen für ihre Angestellten thut, sind die Verhältnisse ziemlich dieselben: die drei ersten Verkäuferinnen erhalten 90—100 fr. monatlich, die sechs zweiten 60—75 fr. bei zehnstündigem Arbeitstag (von 8 Uhr früh bis 8 Uhr abends, mit Efspause von 2 Stunden). In Gent und Antwerpen sind die Gehälter der Angestellten der socialistischen und Beamten-Konsumvereine ungefähr dieselben; in Gent zahlt der „Vooruit" 14—24 fr. wöchentlich, der „Chempostel" (Beamten-Konsumverein) 3 % der Verkaufssumme (50—90 fr.), in Antwerpen erhalten die Verkäuferinnen im „Werker" (socialistisch) 21 fr. wöchentlich, im Beamten-Konsumverein die erste 90 fr. monatlich, die übrigen anfangs 50 fr., mit einem monatlichen Zuschlag von 10 fr. pro Jahr, bis das Gehalt 90 fr. beträgt. — Ein demokratischer Zug in der Lohnzahlung ist darin zu erblicken, dafs keine grofsen Unterschiede in den Löhnen verschiedener Angestellten bestehen; die grofsen socialistischen Genossenschaften beschäftigen eine grofse Zahl von Arbeitern und anderen Angestellten (der „Vooruit" 321, die „Maison du Peuple" 350) und keiner kennt einen Gehalt von über 3000 fr. — Was die Gewinnbeteiligung anbetrifft, so hat sie hier nie, wie in den englischen Genossenschaften, eine Streitfrage gebildet. Wo sie besteht (in der „Maison du Peuple" 2½ %, im „Progrès" 1 %, in einigen kleineren Genossenschaften 3--7 %), wird sie als Gratifikation betrachtet und bildet dann einen unbedeutenden Zuschlag zum fixen Lohn; die Arbeiter werden als Genossenschafter zugezogen und participieren als solche an den Gewinnen.

Im allgemeinen kann über die Arbeitsverhältnisse der belgischen Konsumvereine gesagt werden, sie seien überall dort günstiger als in den Privatunternehmungen, wo die Genossenschaften sich gut entwickelt haben, d. h. wenn die Verkaufserlöse gröfser werden, suchen die Konsumvereine auch ihre Arbeiter in günstigere Verhältnisse zu stellen, so hauptsächlich in den Bäckereien. Die Löhne verschiedener Heimarbeiter und Heimarbeiterinnen, Ladenverkäuferinnen etc. sind, wenn auch höher als sonst üblich, oft nicht genügend. Es ist aber ganz unmöglich, den Genossenschaften dieserhalb einen Vorwurf zu machen, denn als kommerzielle Unternehmen müssen sie sich den allgemeinen Konkurrenzverhältnissen anpassen. Die immer gröfsere Entwickelung der Konsumvereine läfst die Möglichkeit zu, immer gröfsere Kreise der Arbeiter in bessere Arbeitsverhältnisse zu versetzen. Die Behauptung aber, dafs die Arbeiter der socialistischen Genossenschaften einen Eifer zeigen, wie sie es gewöhnlich nicht thun, und dafs nur diesem Umstande die Gewinne zu verdanken seien, welche trotz kurzem Arbeitstag und hohen Lohntarifen erzielt werden[1], kann nicht aufrecht erhalten werden. Es wird im Gegenteil geklagt, eine beträchtliche Zahl Arbeiter mifsbrauche die gröfsere Freiheit, welche von den Genossenschaften gewährt wird, und dieser Umstand hält oft von der Gründung neuer Werkstätten ab. —

---

[1] Vergl. Hubert-Valleroux in: Économiste français, 1892, I, p. 425—427.

## III. Die Genossenschaften der Produzenten.

Es ist schon bemerkt worden, daſs die ersten Genossenschaften Belgiens Produzentengenossenschaften waren, welche ihre Gründung den aus Frankreich emigrierten Arbeitern verdankten; aber sie bestanden nur kurze Zeit und lösten sich bald auf. Auch in den siebziger Jahren sollen einige existiert haben; eine Druckerei wird genannt und wenige andere wie die „association ouvrière des portefeuillistes" und die „association ouvrière des batisseurs", von denen aber später nichts mehr verlautet. Produzentengenossenschaften der Gegenwart werden in der Litteratur kaum erwähnt, selbst die allerneuesten Werke berichten immer nur von denselben miſslungenen Versuchen, und es scheint daher eine ausführlichere Darstellung berechtigt zu sein [1].

Eine Statistik dieser Genossenschaften stöſst auf zwei Schwierigkeiten, deren erste auf der mangelhaften Gesetzgebung beruht. Das, was unter dem Namen „société coopérative de production" vom „Moniteur" registriert wird, hat oft ebensowenig mit der Genossenschaft, wie mit der Produktion zu thun. Jede Verlagsbuchhandlung, jede Zeitschrift, welche sich unter der Form der Genossenschaft konstituiert hat, wird als solche bezeichnet. Eine Gesellschaft, die Automaten mit Schokolade zu wohlthätigen Zwecken aufstellt („Les enfants martyrs" in Brüssel), befindet sich in derselben Kategorie. Die Beispiele lassen sich häufen, es dürfte aber schon aus den angeführten hervorgehen, daſs die offizielle Art der Registrierung nur ein sehr undeutliches, ja falsches Bild der Wirklichkeit giebt [2]. Die zweite Schwierigkeit besteht darin, daſs die Statistik bloſs die Gründung feststellt, über das weitere Bestehen aber keine Auskunft giebt. Da gerade die Produzentengenossenschaften eine höchst kurze Lebensdauer haben, kann man von der Gründung auf die

---

[1] Folgendes auf Grund einer Personalenquete.
[2] So werden von der „Revue du travail" für das Jahr 1899 24 neugegründete Produzentengenossenschaften angeführt; eine vollständig illusorische Zahl.

Existenz unmöglich schliefsen. Es müssen daher die Lebenszeichen einer offiziell existierenden Genossenschaft aufgesucht werden, was nicht immer möglich ist. Eine mögliche Unvollständigkeit der nachstehenden Schilderung mag durch diese Schwierigkeiten entschuldigt werden.

G. de Greef hat in einem speciellen Bericht an die „section d'économie sociale" der Pariser Weltausstellung von 1889 zehn belgische Produktivgenossenschaften genannt[1]. Der Verfasser war sich leider darüber nicht klar, dafs drei davon blofs Produktivabteilungen von Konsumvereinen und zwei Zeitschriften-Verlagsanstalten waren, welche sich lediglich die genossenschaftliche Form beigelegt hatten, so dafs also nur die Hälfte in seinen Bericht hineingehörte. Es sind drei Buchdruckereien, von denen die eine zur Zeit nicht mehr existierte, eine Schneiderwerkstatt und eine landwirtschaftliche Genossenschaft, welch letztere uns hier nicht interessiert. Es ist also wahrscheinlich, dafs es um diese Zeit nur ganz vereinzelte Produzentengenossenschaften gegeben hat, und wir können annehmen, dafs die jetzt existierenden nicht vor dem letzten Jahrzehnt entstanden sind. Es sind seit 1890 gegen 30 Genossenschaften gegründet, welche als Produzentengenossenschaften in dem früher erörterten Sinne betrachtet werden können, d. h. als Genossenschaften, die dem Interesse der darin beschäftigten Arbeiter dienen. Damit werden von vornherein alle diejenigen ausgeschlossen, welche nur juristisch als Genossenschaften organisiert sind — so 15 Zeitschriftenverlagsanstalten — und auch die, welche von bestimmten Gruppen, sei es als Konsumenten (Konsumentengenossenschaften), sei es nur als Kapitalbesitzer (Aktiengesellschaften) gegründet worden sind; in diese letztere Kategorie gehören die schon besprochenen Bierbrauereien, welche irrtümlicherweise z. B. von der „Statistik des internationalen Verbandes" als Produktivgenossenschaften aufgefafst werden[2].

Während die belgischen Konsumvereine einen so einheitlichen Typus aufweisen, dafs es für bestimmte Gegenden genügt, einige kennen zu lernen, um ein Gesamtbild der Genossenschaftsbewegung zu erhalten, so ist hier das gerade Gegenteil zu konstatieren. Ein einheitlicher Typus fehlt, jede Genossenschaft ist nach eigener Art und Weise organisiert, und alle gehören den verschiedensten Produktionszweigen an. Wir finden: sieben Buchdruckereien, sechs Schuhmachereien, vier Genossenschaften in der Textilindustrie, drei der Stein-

---

[1] Participation aux bénéfices et associations ouvrières de production, 1889.

[2] Statistik der genossenschaftlichen Vereine in verschiedenen Ländern. Zusammengestellt vom statistischen Ausschufs der internationalen genossenschaftlichen Vereinigung. London 1898.

metze, zwei „Saboteries", zwei Genossenschaften der Tabakund Cigarrenarbeiter, zwei der Tischler und Zimmerleute, eine Diamantenschleiferei, eine Klempnerei, eine Konditorei, eine Werkstatt, wo künstliche Blumen gemacht werden, zwei Genossenschaften der Schneider. —

Wenn wir das Schicksal dieser Genossenschaften verfolgen, so ist zunächst festzustellen, dafs trotz der Kürze des in Betracht kommenden Zeitraums viele sich schon wieder aufgelöst haben. Von den sechs Schuhmachergenossenschaften besteht heute nur noch eine einzige, von den drei Bautischlereien hat sich ebenfalls nur eine erhalten, die beiden Schneidergenossenschaften existieren nicht mehr, und gleicherweise ist die Diamantenschleiferei eingegangen. So ist die Zahl der bestehenden wesentlich, nämlich auf $2/3$ der gegründeten, reduziert, und es bleibt zu untersuchen, welche Lebensfähigkeit diese noch existierenden aufweisen.

1. Die Buchdruckereien. Nach ihrer Zahl und relativen Bedeutung kommen sie an erster Stelle in Betracht. Es ist nicht nur Belgien, wo die Buchdrucker sich erfolgreich genossenschaftlich zu organisieren versucht haben, auch in Italien findet man Beispiele gelungener genossenschaftlicher Organisation. Man sucht dies damit zu erklären, dafs die Buchdrucker zu den unterrichtetsten Arbeitern gehören, dafs das Gewerbe sehr einfacher Art ist, keinen grofsen Unterschied in der Arbeit zuläfst[1]. Diese Gründe spielen eine Rolle — ist ja auch die Gewerkschaftsorganisation hier gewöhnlich die stärkste —, für Belgien aber kommt noch ein specieller Grund in Betracht und zwar ein politischer. Die socialistische Partei hatte im Anfang ihrer Entwickelung ganz besondere Schwierigkeiten, ihre Propagandaschriften dem Publikum zugänglich zu machen, da private Druckereien sich weigerten, dieselben zu drucken. So wurde gewöhnlich versucht, mit eigenen Kräften auszukommen, und mit Hülfe einer Maschine und einiger gleichgesinnter Arbeiter wurde auch alles Nötige hergestellt. So entstanden Druckereien, die weder einen bestimmten Besitzer, noch eine bestimmte Firma hatten; aber in Fällen von Prefsvergehen, wo es zur Anklage kam, war man gezwungen, einen Inhaber ausfindig zu machen, um Beschlagnahmungen zu verhüten, und da griff man dann gewöhnlich zur Genossenschaftsform. Auf diese Weise entstanden genossenschaftliche Druckereien, welche anfangs blofs Parteizwecken dienten, in denen nur Parteiorgane gedruckt wurden, und die erst später andere typographische Arbeiten herstellten. In diese Kategorie der Druckereien gehört die „Volksdrukkery" in Gent. Sie wurde Mitte 1897 gesetzlich kon-

---

[1] Vergl. Sbrojavacca, Die genossenschaftliche Bewegung in Italien. Schmollers Jahrbuch, 1893.

stituiert, nachdem sie schon längere Zeit unter verschiedenen privaten Firmen gegangen war. Das Gründungskapital betrug 20000 fr. und wurde durch Emittierung von Anteilen à 10 fr. beschafft. Diese Anteile tragen den Charakter einer unverzinslichen Anleihe, welche bei gleichgesinnten Parteigenossen aufgenommen ist, denn obgleich ein Zinsfuſs von 2% festgesetzt wurde, hat noch bis jetzt niemand Anspruch darauf erhoben, und die Gewinne kommen immer Parteizwecken zu gute. Den Statuten gemäſs werden 50% der Gewinne für Parteizwecke verwendet, 40% flieſsen in den Reservefonds und werden zu Amortisationen benutzt, während bloſs 10% an die Mitglieder zur Verteilung gelangen. Die Zahl der letzteren nimmt dennoch zu; es waren 40 bei der Gründung, jetzt sind es 80; von den 32 thätigen Arbeitern sind bloſs sieben Mitglieder. Der Umsatz erreichte im letzten Jahre 50000 fr., der Reingewinn dagegen nur die höchst minimale Summe von 500 fr.

Ganz ebenso ist die Druckerei in Löwen „Excelsior" organisiert, deren Statuten direkt dem Genter Muster nachgebildet sind. Trotz kürzeren Bestehens betrug der Reingewinn im verflossenen Jahre über 600 fr. — Man sieht, daſs bei den Druckereien dieser Art die Interessen der beteiligen Arbeiter bloſs einen Nebenzweck bilden. Wenn die Arbeiter hier auch besser bezahlt werden als in den Privatdruckereien, so geschieht das in anderen socialistischen Unternehmungen ebenfalls. Was hier bezweckt wird, ist, das Drucken der Parteiorgane zu ermöglichen, und andere Arbeiten werden nur übernommen, um die Kosten hierfür zu decken.

Anders sind die Druckereien, welche keine Parteizwecke verfolgen, wenn ihre Mitglieder auch einer bestimmten Partei angehören.

Die „Imprimerie économique d'Ixelles" gehört zu den ältesten; sie besteht seit 1893 und wurde mit einem Kapital von 67000 fr. gegründet. Bei der Gründung waren 4 Buchdrucker in der Genossenschaft beschäftigt; jetzt ist die Arbeiterzahl auf 40 gestiegen, von denen aber bloſs die ersten 4 Mitglieder sind, während die übrigen als Lohnarbeiter beschäftigt werden. Auſserdem zählt die Druckerei noch 15 Mitglieder, welche nicht in der Genossenschaft beschäftigt sind. Die Anteile lauten über je 100 fr. und — nach uns gewordenen persönlichen Mitteilungen — sollen keine Schwierigkeiten gemacht werden, falls neue Mitglieder beitreten wollen. Es ist unverständlich, warum die Arbeiter dann nicht beitreten, denn bei einem Umsatz des letzten Jahres von 90000 fr. betrug der Gewinn 12000, was doch anziehen könnte. Jedenfalls ist gegenwärtig bloſs der zehnte Teil der Arbeiter an diesem Gewinne beteiligt, während die übrigen Genossenschafter dem Betriebe ferne stehende Personen sind;

es handelt sich in diesem Falle also um ein in der Hauptsache kapitalistisches Unternehmen.

Die Druckerei in Antwerpen „De Voorzorg Guillams & Co." wurde 1894 formell konstituiert. Der Zusatz „& Co." wurde gewählt, weil das Publikum Genossenschaften gegenüber ein gewisses Mifstrauen hegte. Das Ziel bei dieser Gründung war, einen Pensionsfonds für die Gewerkschaft der Buchdrucker zu schaffen, und demgemäfs werden alle Gewinne zu diesem Zwecke verwendet. Mitglieder sind alle, die der Gewerkschaft angehören. Daraus folgt einerseits, dafs alle in der Genossenschaft beschäftigten Arbeiter Mitglieder sind, da nur gewerkschaftlich-organisierte angestellt werden, andererseits aber ist die Mitgliedschaft für diese mit keinen besonderen materiellen Vorteilen verbunden. Gegenwärtig sind 15 Arbeiter beschäftigt, die ebenso wie die Mitglieder der Gewerkschaft, welche in anderen Druckereien thätig sind, am Emporkommen der Genossenschaft interessiert sind.

Die Druckerei in Lüttich „l'imprimerie coopérative" wurde 1894 gegründet und gehört offiziell der Arbeiterpartei an. Auch hier wird die Dividende nicht unter die Anteilbesitzer verteilt. Die Anteile, die bei der Gründung gezeichnet wurden, werden statutengemäfs als unverzinsliche Anleihe betrachtet, und die Gewinne dienen teilweise dazu, dieses Kapital zu tilgen; statutengemäfs werden 80 % dem Reservefonds überwiesen und 20 % zur Einlösung der Anteile verwendet. So wird die Druckerei mit der Zeit in den alleinigen Besitz der beteiligten Arbeiter übergehen; die weitere Entwickelung hängt von den späteren Statuten ab, welche die Beteiligung der Mitglieder am Gewinn auf verschiedene Weise regeln können. Bis jetzt wurde die jährliche Bilanz bei höheren Löhnen und kürzerer Arbeitszeit als ortsüblich in der Regel mit einem Gewinn von über 3000 fr. abgeschlossen. Die Arbeiterzahl beträgt jetzt 16 (alle Mitglieder), während anfangs nur 3 beschäftigt werden konnten.

Auch das Schicksal der beiden jüngst gegründeten Druckereien in Mons und Morlanvelz ist nicht vorauszusehen. Die „Imprimerie coopérative" von Mons existiert seit einem Jahre. Anlafs zur Gründung gab die wenig günstige Lage der Buchdrucker in der Gegend, deren gewerkschaftliche Organisation schwach ist, und deren Löhne unter den tarifmäfsigen Sätzen bleiben. Der Gedanke — die Genossenschaft nur mit Hülfe von Fachgenossen zu gründen — mufste aufgegeben werden, da er unter den Buchdruckern keinen Anklang fand. So sind zwar alle beschäftigten Arbeiter 6 — Mitglieder, viel mehr Mitglieder aber — 32 — stehen aufserhalb der Genossenschaft. Die Genossenschafter erhalten 35 % des Gewinns, die Arbeiter aufserdem noch

10 %; für Parteizwecke werden 9 % verausgabt. — Das erste Geschäftsjahr hat relativ günstig mit einem Gewinn von 1687 fr. abgeschlossen. Die Hauptklage ist Kapitalmangel, während für Kundschaft einigermafsen gesorgt ist, da viele Genossenschaften des Borinage ihre Bestellungen hier machen.

2. Von vielen Schustergenossenschaften, welche gegründet worden sind, besteht jetzt nur noch eine einzige — die Union des cordonniers in Brüssel[1], eine hat sich unseres Wissens in eine Aktienkommanditgesellschaft verwandelt (Charleroi), und die übrigen sind gänzlich verschwunden. Die Genossenschaft besteht seit 1896, nachdem ein erster Versuch 1893 nach 7½ Monaten gescheitert war. Grofse Schwierigkeiten mufsten überwunden werden, und die ersten Jahre schlossen mit einem Deficit. Die Organisation ist die folgende: die Anteile lauten auf je 100 fr. und werden mit 2 % verzinst; nach Abzug dieser Dividende und eines bestimmten Prozentsatzes (25 %) für den Reservefonds, wird der Rest des Gewinnes unter die Leiter (8 %), die Mitglieder, welche der Administration angehören (25 %), die Mitglieder überhaupt als zweite Dividenden-Rate (12 %) und die im Atelier beschäftigten Mitglieder (55 %) verteilt. Man sieht daraus, dafs am meisten die arbeitenden Mitglieder begünstigt werden, was dem Genossenschaftsprinzip vollkommen entspricht. Aber die Aufnahme dieser Mitglieder wird jetzt beschränkt, und man weigert sich, neue zuzulassen. Begründet wird diese Mafsnahme damit, dafs man weitere Mitglieder in die Geschäftsgeheimnisse nicht einweihen wolle, aufserdem findet man die jetzigen Arbeiter nicht reif genug, um an der Geschäftsführung teilnehmen zu können. Wie es auch sein mag, gegenwärtig schliefst sich die Genossenschaft ab: von ihren 29 Arbeitern sind blofs 15 Mitglieder. Charakteristisch ist, dafs gerade jetzt der Zutritt anderen erschwert wird, wo man anfängt, Gewinne zu erzielen — Kapitalmangel und das Fehlen von geschultem Personal bilden die Hauptschwierigkeiten. Bei der grofsen Ausdehnung der Fabriken im Schuhmachergewerbe fällt die Konkurrenz besonders schwer. Eine Anleihe von 40000 fr., die vor kurzem aufgenommen wurde, ermöglichte die Anschaffung einiger Maschinen. Die Genossenschaft ist im Besitz von verschiedenen Losen, und die Hoffnung, das grofse Los zu gewinnen und damit den Betrieb zu erweitern, stärkt die Leiter in ihrer recht mühevollen Arbeit.

3. Auch die Bautischlerei befindet sich in Brüssel. Ein Versuch in Löwen scheiterte, ebenso in Lüttich. Die Brüsseler Genossenschaft „les menuisiers-charpentiers

---

[1] Über diese Genossenschaft wie auch verschiedene andere von Brüssel vergl. eine Reihe Artikel von Zéo in Coopérateurs belges, 1899 u. 1900.

réunis" wurde 1896 gegründet. Ein grofser Streik, der zur Zeit ausbrach, endete mit einem Siege der Arbeiter, und eine Summe von 20 000 fr., die vom Unterstützungsfonds übrig blieb, wurde zur Gründung der Genossenschaft verwendet. Die schwerste Frage der Kapitalbeschaffung war damit gelöst, und die Genossenschaft hatte es nicht nötig, Anleihen zu machen oder Mitglieder der Kapitalbeschaffung halber aufzunehmen. Es ist diejenige Genossenschaft, die am wenigsten zu leiden hatte und sich zu einer recht grofsen Werkstatt mit Dampfbetrieb entwickelt hat. Die beiden Hauptschwierigkeiten — Mangel an Kapital und Kundschaft — waren hier überwunden, denn das Kapital war von Anfang an da, und als einzige socialistische Bautischlerei erhielt sie auch bald Arbeiten von anderen Genossenschaften. Verschiedene „Maisons du Peuple" wurden von ihr erbaut. Die Genossenschaft ist mit der Gewerkschaft eng verbunden, der 30 % der Gewinne zufliefsen; 5 % von letzteren erhalten die in der Genossenschaft beschäftigten Arbeiter, und das übrige wird für den Reservefonds der Genossenschaft und einem Versicherungsfonds ihrer Arbeiter überwiesen. Sämtliche Arbeiter müssen der Gewerkschaft angehören und sind ohne Ausnahme Mitglieder der Genossenschaft. Es werden gegenwärtig deren 30 in der Werkstatt beschäftigt. Die Mitgliederzahl beträgt 54, und wenn fast die Hälfte davon zur Zeit in anderen Betrieben thätig sind, so kommt es daher, dafs die Genossenschaft augenblicklich nicht mehr Arbeiter beschäftigen kann. Man hofft aber, später, wenn eine gröfsere Zahl Arbeiter erforderlich sein wird, alle Genossenschafter in der eigenen Werkstatt beschäftigen zu können, denn alle Mitglieder gehören dem Tischlergewerbe an. Die Jahresumsätze steigen erheblich (42 000 fr. im ersten Semester, 72 000 im nächsten), so dafs eine weitere gedeihliche Entwickelung nicht unmöglich erscheint.

4. Die genossenschaftliche Konditorei in Brüssel — „l'Union des Confiseurs" existiert seit einem Jahrzehnt und hat während der ganzen Zeit nur trübe Tage gesehen. Sie wurde 1890 gegründet und, obgleich sie selbständig organisiert war, gehörte sie de facto der Gewerkschaft: nur Mitglieder dieser konnten Anteile in der Genossenschaft besitzen, sie hatte das Gründungskapital zur Hälfte hergegeben, und die Gewinne flossen insgesamt an sie[1]. Jetzt sind die beiden Organisationen voneinander vollständig unabhängig, ja es bestehen sogar wenig freundschaftliche Beziehungen zwischen ihnen. Die Ursache der Spaltung ist charakteristisch für die feindliche Haltung, welche die Unter-

---

[1] Vergl. auch: Vandervelde, Enquête sur les associations professionnelles en Belgique, I. 66.

nehmer den Produktivgenossenschaften gegenüber einnehmen. Aus Furcht vor der Konkurrenz der neuen Genossenschaft wollten die Unternehmer ihren Arbeitern verbieten, der Gewerkschaft anzugehören, welche die Genossenschaft unterstützte, und um die Gewerkschaftsorganisation nicht zu schädigen, löste sich die Genossenschaft ab. Bis jetzt hat letztere keine Erfolge zu verzeichnen, denn sie kann nicht einmal höhere Löhne als die Privatunternehmungen zahlen. Es werden 20 Arbeiter beschäftigt, von denen 14 angestellte Hülfsarbeiter, 5 Mitglieder sind. Der Mangel an Kundschaft bietet die Hauptschwierigkeit, es wird namentlich darüber geklagt, dafs die socialistischen genossenschaftlichen Kolonialwarenläden wenig von der Konditorei beziehen; aufser fehlender Unterstützung leidet die Genossenschaft auch durch die grofsen Fabriken Brüssels, welche die Konkurrenz aufserordentlich erschweren. Die wenigen Arbeiter, welche am Gedeihen der Genossenschaft interessiert sind, bedauern lebhaft die Gründung einer eigenen Werkstatt.

5. „Les fleuristes réunis" sind eine Genossenschaft, welche Kunstblumen und Kränze verfertigt. Anlafs zur Gründung gab eine Arbeiteraussperrung. Die traurige Lage der Arbeiter dieser Branche, welche teils in Werkstätten der Unternehmer, teils als Heimarbeiter beschäftigt werden, liefs den Plan einer gewerkschaftlichen Organisation entstehen, und als eine solche zu stande gekommen war, wurden die Hauptführer entlassen. Durch Gründung einer Genossenschaft sollten diese Arbeitslosen wieder Beschäftigung erhalten, und gleichzeitig hoffte man, mit der Zeit bessere Arbeitsverhältnisse einführen und dadurch auch einen Druck auf die Unternehmer ausüben zu können. Verschiedene Privatpersonen hatten Sympathie für die Sache, und der gröfste Teil der Anteile wurde von ihnen gezeichnet. Sieben Arbeiter traten in die neue Genossenschaft. Man fing mit Anfertigung von Kränzen an, eine Branche, die in Brüssel nur durch zwei Unternehmungen vertreten war, und in der die Konkurrenz aufgenommen werden konnte. Da die Arbeitsverhältnisse hier besser waren, und namentlich höhere Löhne gezahlt wurden, strömten der Genossenschaft mehr Arbeiter zu, als sie nötig hatte, und nach einem Monat zählte sie deren über 20. Aber leider waren viele davon sich ihrer Pflichten nicht bewufst, sie arbeiteten nicht gewissenhaft genug und mufsten deshalb im Interesse der Genossenschaft teilweise entlassen werden. Auch die kaufmännische Seite bot den ganz unerfahrenen Arbeitern viele Schwierigkeiten, bis sich vor kurzem ein erfahrener Buchhalter ihrer annahm. — Gegenwärtig sind zehn Arbeiter in der Werkstatt beschäftigt, unter ihnen vier Mitglieder. Auch hier bringt die Mitgliedschaft aufser dem Stimmrecht keine materiellen Vorteile, denn die Gewinne sollen teils zur Schulden-

tilgung, teils zur Förderung der Gewerkschafts- und Hülfskasse verwendet werden, 5 % sind den Arbeitern zugedacht. Bis jetzt sind jedoch noch keine Gewinne erzielt worden. — Ob diese junge Genossenschaft lebensfähig ist? Einerseits ist bei der einfachen Produktion und dem wenig entwickelten Grofsbetriebe der Branche ein Bestehen möglich, andererseits scheint aber die Betriebsform wenig vorteilhaft zu sein. Bei den Privatunternehmern beruht der Gewinn auf dem Sweating, darauf will und kann die Genossenschaft sich nicht einlassen. Man hatte versucht, Blumen und Blätter für Kränze in der Werkstatt anzufertigen, mufste es aber aufgeben, da bei höher gezahlten Löhnen die niedrigen Preise der Konkurrenten nicht beibehalten werden konnten; jetzt werden sie bei kleinen Zwischenmeistern fertig gekauft. Charakteristisch ist, dafs die Genossenschaft den Zwischenmeistern vorgeschlagen hat, höhere Preise anzusetzen und den Arbeitern höhere Löhne zu zahlen, aber bei der grofsen Konkurrenz der Zwischenmeister, welche ihrerseits von den Verlegern exploitiert werden, ist dieser Vorschlag nicht zur Ausführung gelangt, und die Genossenschaft sieht sich bis jetzt aufser stande, ihre Reformpläne zu verwirklichen. Die Mitglieder sind von den besten Vorsätzen beseelt, sie sind es, welche die Gewerkschaft ins Leben gerufen haben, aber zu einer Reorganisation der Heimarbeit reichen ihre Kräfte bislang nicht zu; solange die hausindustrielle Betriebsform in der üblichen Form bestehen bleibt, wird die Genossenschaft entweder selbst zum Sweating greifen müssen oder in der Konkurrenz untergehen.

6. Über die genossenschaftliche Organisation der Tabak- und Cigarrenarbeiter genügt es, einige Worte zu sagen, da diese sich noch in ihrem Anfangsstadium befindet. In Brüssel besteht die „Coopérative des tabacs", wo Kautabak verarbeitet wird, in Alost der „Tabakswerkerbond", wo Cigarren fabriziert werden. Die erste ist nicht von Tabakarbeitern gegründet, vielmehr haben die 60 Mitglieder, welche der Genossenschaft angehören, mit der Produktion nichts zu thun; es wird nur ein einziger Arbeiter beschäftigt, und dieser ist merkwürdigerweise nicht Mitglied. Statutengemäfs sollen die Gewinne hauptsächlich für Wohlfahrtseinrichtungen verwendet werden; bis jetzt sind aber kaum Überschüsse erzielt. Das ganze Unternehmen ist eine nicht recht begreifliche Gründung der socialistischen Arbeiterpartei, der die Genossenschaft angehört; die einzige Erklärung, die ausfindig gemacht werden konnte, ist folgende: Es wird ein Tabakmonopol angestrebt, um die übermäfsige Exploitation der Arbeiter in den Privatunternehmungen zu beseitigen; da dies Tabakmonopol auf sich warten läfst, so soll die genossenschaftliche Produktion bis zur Einführung der staatlichen diese ersetzen und den Arbeitern bessere Bedingungen verschaffen.

In Alost ist im Gegensatz zu dem Brüsseler Beispiel die Genossenschaft selbständig von den Cigarrenarbeitern gegründet. Den Anfang machte eine Werkstatt für Arbeitslose („atelier de chômage"), die von zwei Arbeitern mit Hülfe eines von der Gewerkschaft geliehenen Betriebskapitals von 90 fr. gegründet war; erst seit kurzer Zeit ist hieraus eine formelle Genossenschaft geworden. Die 12 beschäftigten Arbeiter sind sämtlich Mitglieder und bekommen höhere Löhne, als sie in Alost üblich sind; Gewinne sind noch nicht erzielt worden. Die Konsumvereine, welche als Abnehmer die gröfste Rolle spielen könnten, decken nur zum geringen Teil ihren Cigarrenbedarf bei der Aloster Genossenschaft, denn aufser dieser existieren noch andere Arbeiterunternehmen. Der Konsumverein von Löwen hat eine Cigarrenwerkstatt, und in Gent entwickelt sich eine solche für Arbeitslose so gut, dafs vielleicht nächstens auch hier die Genossenschaftsform angenommen werden wird.

7. Entschieden interessanter sind die beiden **Genossenschaften der Steinbrecher und Steinmetzen**, denen mehrere verunglückte Versuche schon voraufgegangen sind. Eine Genossenschaft löste sich auf, nachdem der Kassierer eine Unterschlagung begangen und sie dadurch ihrer Mittel beraubt hatte. Eine andere scheiterte an dem Widerstand der Steinbruchbesitzer, welche den Steinmetzen keine Steine lieferten; da es der Genossenschaft an Mitteln fehlte, um einen eigenen Steinbruch zu pachten, mufste sie ihren Betrieb aufgeben. —

Die beiden jetzt bestehenden Genossenschaften befinden sich im Arrondissement Huy der Lütticher Provinz, in Vierset-Barse und in Avins, und wurden ungefähr um dieselbe Zeit, im Jahre 1894 nach einem grofsen Streik, gegründet, um die Möglichkeit besserer Arbeitsverhältnisse darzuthun.

Die Genossenschaft von Vierset-Barse ist mit Hülfe der Gewerkschaft und fremder Kapitalien ins Leben gerufen. Die Statuten unterscheiden zwei Arten von Genossenschaftsanteilen: die „actions privilegiées", welche nur von Personen anderer Berufe erworben werden können, mit 5% verzinst werden und einer Tilgung unterliegen; ihre Zahl ist beschränkt (200), und die Inhaber können nicht aktive Mitglieder der Genossenschaft werden. Die Besitzer dieser Anteile waren bei der Gründung am stärksten vertreten, es waren nämlich von 240 Mitgliedern nur 90 Steinmetze. Die Zulassung solcher Mitglieder war durch die Notwendigkeit der Kapitalbeschaffung bedingt, und da diese Anteile allmählich getilgt werden sollen, mufs mit der Zeit die Genossenschaft in den Besitz der an der Produktion beteiligten Mitglieder gelangen. Bis jetzt konnte noch von einer Tilgung nicht die Rede sein, weil bis zum letzten Jahre, welches einen Gewinn von 5000 frcs. aufweist, alle früheren Geschäftsjahre mit Verlust geschlossen hatten. Diese ungünstige Gestaltung kam hauptsächlich daher, dafs der gepachtete Steinbruch schlechtes Material lieferte; die Verkaufssumme, die im ersten Jahre 5350 fr. betrug, überstieg im letzten Jahre jedoch 42000 fr., so dafs eine günstige Entwickelung festgestellt werden kann.

Die Gewinne werden zu gleichen Teilen zwischen Kapital, beteiligten Arbeitern und Reservefonds verteilt. Gegenwärtig sind 62 Arbeiter in der Genossenschaft beschäftigt, von denen nur zehn Lohnarbeiter sind, während alle übrigen als Mitglieder der Genossenschaft angehören; das Eintreten von Fachgenossen als Mitglieder wird nicht erschwert. Die Löhne sind höher und die Arbeitszeit ist kürzer als bei den Privatunternehmern; man erstrebt weniger grofse Gewinne als vielmehr die Einführung kürzerer Arbeitszeit.

Der Steinbruch „aux Avins" war sehr glücklich gewählt, so dafs die andere Genossenschaft von der Gründung an in günstigeren Verhältnissen war: das letzte Jahr wurde bei einem Umsatz von 60000 fr. mit einem Gewinn von 3000 fr. geschlossen. Statutengemäfs können nur Arbeiter der Steinindustrie der Genossenschaft angehören, und keiner darf mehr als zwei Anteile besitzen. Damit soll von vornherein fremdes Kapital mit gleichen Rechten ausgeschlossen und die Möglichkeit ungleicher Beteiligung verhütet werden. Merkwürdigerweise sind viele Mitglieder der Genossenschaft in fremden Steinbrüchen thätig; von 50 beschäftigten Arbeitern sind blofs neun Mitglieder, obgleich die Mitgliederzahl viel gröfser ist. Es wird dies damit erklärt, dafs der Arbeiter dieser Industrie „das Wandern liebt" und nie lange an demselben Ort bleibt; ob dieser Wanderlust grofse Vorteile geopfert würden, ist natürlich fraglich. Der Zeitlohn in der Genossenschaft ist höher als sonst üblich; da aber Stücklohn im allgemeinen noch vorherrscht, so kommen die Arbeiter dazu, in Privatunternehmungen bei längerer Arbeitszeit dasselbe zu verdienen. Dafs sie sich nicht sträuben, länger zu arbeiten, geht daraus hervor, dafs die Genossenschaft, nachdem sie den 11 stündigen Maximalarbeitstag schon früher eingeführt hatte und die Arbeitszeit noch weiter verkürzen wollte, Widerstand bei den Arbeitern selbst fand. Der Gewinn wird folgendermafsen verteilt: 50 % erhalten die Mitglieder, 10 % die Arbeiter (Mitglieder oder nicht) und das übrige fliefst in den Reservefonds und eine Hülfskasse. — Es ist eine der wenigen Genossenschaften, die es nicht bereut, den Versuch selbständiger Produktion unternommen zu haben. —

8. Die Genossenschaft der Klempner und Kesselschmiede — coopérative des chaudronniers — befindet sich in Wanfercée-Baulet, einem kleinen Orte in der Gegend von Charleroi. Infolge eines Streiks, der in einer grofsen Kesselschmiede ausbrach und drei Monate dauerte, wurden

zehn Arbeiter arbeitslos, und zwar waren es die Hauptführer
der neu organisierten Gewerkschaft, welche wenig Aussicht
hatten, in einem Privatunternehmen Beschäftigung zu finden.
Dies gab den Anlaſs zur Gründung der Genossenschaft. Der
Konsumverein von Baulet gab zu dem Zwecke 2500 fr., und
auſserdem wurden 140 Anteile à 10 fr. gezeichnet; von verschiedenen Seiten erhielt die Genossenschaft unverzinsliche
Anleihen, so daſs an Betriebskapital kein Mangel war. Der
ziemlich einfache, handwerksmäſsige Betrieb würde vielleicht
lebensfähig sein, wenn nicht die völlige Unkenntnis und Unerfahrenheit der Arbeiter Betrügereien der Leiter ermöglichte;
im Laufe der ersten zwei Jahre hat die Genossenschaft gegen
15 000 fr. verloren, ohne daſs die falsche Buchführung nachgewiesen werden konnte. Jetzt, wo zuverlässige Arbeiter an
der Spitze stehen, sind im Laufe des letzten Semesters kleine
Gewinne erzielt worden. Über 20 Arbeiter sind in der Werkstatt beschäftigt; die Löhne, welche anfangs über den üblichen standen, wurden freiwillig herabgesetzt, als die Verluste bedeutend wurden Die Konkurrenz der groſsen Werkstätten erschwert die Geschäftsführung, zumal in der Genossenschaft der Betrieb noch sehr primitiv ist, und Maschinen bisher
nicht eingeführt sind. Unabhängigkeit ist das Einzige, was
die Arbeiter bisher durch ihre Gründung gewonnen haben.

9. Die ländliche Hausindustrie findet man in vielen
Gegenden Belgiens, und zwar ist sie oft nicht mehr eine
Nebenarbeit des Landbewohners, sondern vielmehr seine
Hauptbeschäftigung; letztere entwickelt sich besonders dort,
wo der Landbesitz so winzig wird, daſs seine Bearbeitung
nicht lohnend erscheint. Die hausindustriellen Arbeiter des
südlichen Teils der Provinz von Namur, welche Holzschuhe
machen („sabotiers"), gehören in diese Kategorie. Im Arrondissement von Philippeville ist dieses Gewerbe vom Vater
auf den Sohn übergegangen, und in jedem Dorfe fast findet man
Werkstätten, wo diese Schuhe gemacht werden, die in ganz
Belgien ihren Absatz finden. — 1898 hatten sich im Dorfe
Cerfontaine die Arbeiter gewerkschaftlich organisiert mit der
Hoffnung, später auf eigene Rechnung die Fabrikation zu
unternehmen. Von 75 Arbeitern fingen vier sofort an, in
eigener Werkstatt zu arbeiten, und in einem Jahre beschäftigte
die Genossenschaft 18 Arbeiter; jetzt sind es 28, und man
hofft, mit der Zeit alle Mitglieder beschäftigen zu können.
Das Ziel ist, bessere Lohnbedingungen zu schaffen. Da aber
Stücklohn gezahlt wird, kann die Arbeitszeit kaum verkürzt
werden, und auch die Löhne blieben bis jetzt ziemlich dieselben, da der Verkaufspreis vom Selbstkostenpreis sich sehr
wenig unterscheidet, und eine eventuelle Lohnerhöhung die
Genossenschaft konkurrenzunfähig machen würde (die Kosten
betragen gegen 61 fr. pro 100 Paar, welche für 64 fr. ver-

kauft werden). Es ist ein Gewerbe, das für den Arbeiter ebenso unvorteilhaft ist wie für den Verleger. Die Einfachheit der Werkzeuge, welche gebraucht werden — verschiedene Messer —, und die Unmöglichkeit, mit Maschinen zu arbeiten, erübrigen eine grofse Werkstatt, und technische Fortschritte sind unbekannt. Die Betriebsweise mufs deshalb die alte bleiben, und nur sehr beschränkte Gewinne können den Arbeitern zu gute kommen. Statutengemäfs erhalten sie 30 %, während 30 % für den Reservefonds und 40 % für eine Unfallversicherungskasse bestimmt sind[1].

Wenn also die genossenschaftliche Produktion hier zur Vervollkommnung der Produktionsweise nicht beitragen kann, so ist sie doch ein Mittel, möglicher Verlegerexploitation vorzubeugen. In nächster Umgebung wurden noch zwei ähnliche Genossenschaften gegründet, von denen die eine — in Petigny — keine Kundschaft fand und deshalb weiter für Verleger thätig ist, die andere — in Daussois — noch besteht und für eigene Rechnung arbeitet. Hier sind die Arbeiter nur einen Teil des Jahres in ihrem Gewerbe thätig, die übrige Zeit arbeiten sie als landwirtschaftliche Arbeiter in Belgien oder Frankreich. —

10. Die Genossenschaften der Textilindustrie nennen wir nur der Vollständigkeit wegen; ihre Organisation ist eine so mangelhafte, und das Genossenschaftsprinzip so wenig durchgeführt, dafs es schwer fällt, sie in eine bestimmte Kategorie zu bringen. Als Beispiel führen wir die Genossenschaft von Ellezelles an, „Union des Tisserands". Die Hausweberei ist in der Gegend stark entwickelt, aber es fällt den Hausindustriellen immer schwer, ihr Brot zu verdienen, da die Konkurrenz des Fabrikbetriebes sich immer fühlbarer macht. Auch sind sie an ihren Webstühlen blofs während einer Hälfte des Jahres beschäftigt und wandern zur Erntezeit nach Frankreich aus, wo sie als landwirtschaftliche Arbeiter mehr verdienen. Man könnte sich eine Genossenschaft denken, die den Zweck hätte, anstatt für den Verleger, direkt für Konsumenten zu arbeiten, oder die einen Übergang zum maschinellen Betrieb erstreben wollte. Die im Jahre 1897 gegründete Genossenschaft bezweckt weder das eine noch das andere. Laut Statuten erstrebt sie „Produktion und Verkauf verschiedener Stoffe". Die Genossenschaft vergiebt an die Hausindustriellen die Arbeit und steht in Beziehung zu den Käufern; sie hat den Verleger ersetzt und ist nichts anderes

---

[1] Bei 12stündigem Arbeitstag braucht ein Arbeiter 8—9 Tage, um 100 Paar anzufertigen und 1 fr. über seinen üblichen Lohn zu erhalten. Bei einem grofsen Verleger, der viele Arbeiter beschäftigt, machen derartige Gewinne etwas aus, bei den Mitgliedern der Genossenschaft so gut wie gar nichts.

als eine „Verlegergenossenschaft". Zwar setzt sie sich noch zum Ziel, Konsumvereine zu gründen, das wäre aber eine ganz unabhängige Handelsoperation. Wenn jetzt die Käufer, welche Mitglieder sind, 40 % der Gewinne erhalten, so ist das mehr eine Begünstigung, die den Käufer anlocken soll, als ein charakteristisches Merkmal einer Käufergenossenschaft. Es sind auch nicht Privatinteressen, denen sie dient, denn der übrige Teil der Gewinne wird für Reservefonds, Gewerkschaftspropaganda und Hülfskasse verausgabt. Die Gründer hatten einen politischen Zweck im Auge, indem sie den dem Socialismus fernestehenden Hausindustriellen näher zu kommen dachten. Thatsächlich wird dieses Ziel vielleicht erreicht, denn die Genossenschaft zahlt höhere Löhne und beschäftigt gegen 70 Arbeiter. Nationalökonomisch betrachtet ist es eine Organisation zur Erhaltung einer rückständigen Betriebsform, und sie ist weder für den wirtschaftlichen noch socialen Fortschritt von Bedeutung. —

Vor einigen Jahren wurde auch in Verviers eine ähnliche Genossenschaft gegründet, die sich aber schon wieder aufgelöst hat. Über das Schicksal einer genossenschaftlichen Weberei in St.-Nicolas (1896 gegründet) fehlen uns weitere Angaben.

11. Neben den schon besprochenen Bierbrauereien, welche wir als Konsumentengenossenschaften angesehen haben, ist uns eine andere bekannt, die dem anderen Typus angehört — die „Ouvriers réunis" in Lüttich. Diese Brauerei gehörte anfangs einem Privatunternehmer und wurde 1894 von seinen Arbeitern gekauft. Neun Arbeiter waren darin beschäftigt, alle wurden Mitglieder und blieben Arbeiter. Der reine Typus der Produzentengenossenschaft schien verwirklicht zu sein. Es waren besser situierte Arbeiter, denn die Anteile lauteten auf je 2500 fr. Zwei Mitglieder traten später aus, und da bei der gegenwärtigen Produktion neun Arbeiter erforderlich sind, wurden sie durch zwei Lohnarbeiter ersetzt. Die Genossenschafter machen kein Hehl daraus, dafs ihnen an weiteren Mitgliedern gar nicht gelegen ist und die Aufnahme solcher nur dann geschehen kann, wenn ihr Kapital oder specielle Kenntnisse der Genossenschaft von besonderem Nutzen sein können. Die nötigen Arbeitskräfte bei steigender Produktion werden durch Anstellung von Lohnarbeitern ersetzt werden. —

Das Gesagte scheint zu genügen, um zu zeigen, dafs die Produzentengenossenschaften auch in Belgien zu einer eigentlichen Entwickelung nicht gelangt sind. Wir haben keine einzige Genossenschaft gefunden, der es gelungen ist, durch die Organisation die Produktionsweise anders zu gestalten oder eine grofse Zahl von Arbeitern zu beschäftigen. Die meisten bleiben nur gezwungen bei ihrem Unternehmen, welches mit so grofsem Aufwand von Mühe und Arbeit zustande gebracht worden ist. Die Gründe, welche an diesen Mifserfolgen schuld sind, sind schon öfters in die Worte: **Mangel an Kapital, Mangel an Organisation, Mangel an Kundschaft** zusammengefafst worden. Dieselben Klagen werden auch hier vorgebracht, und man kann kaum sagen, welche die wichtigste ist. Wir glauben, dafs die Schwierigkeit der Kapitalbeschaffung ein unüberwindliches Hindernis ist: die Genossenschaften werden gewöhnlich infolge eines Streiks oder einer anderen kritischen Lage gegründet, gerade wenn den beteiligten Kreisen die Mittel am meisten fehlen. Zufällige Stiftungen, wie wir sie bei der genossenschaftlichen Bautischlerei in Brüssel gesehen haben, kommen sehr selten vor, und wo die Genossenschaft mit ihrer Hülfe ins Leben gerufen worden ist, hat sie auch viel weniger zu leiden. Der gröfste Teil der Versuche scheitert eben darum, weil mit der kleinbetrieblichen Produktionsweise angefangen wird, deren Konkurrenzunfähigkeit man oft von vornherein voraussagen kann. Und wenn man erwartet, dafs diese Genossenschaften sich entwickeln, so hegt man damit eigentlich ganz unerfüllbare Hoffnungen, denn mit ebensolchem Rechte könnte man annehmen, dafs die Handwerker sich zu Fabrikbesitzern entwickeln. Ein genossenschaftlicher Kleinbetrieb hat ebensowenig Aussicht, sich zu einem Grofsbetrieb zu entwickeln wie jeder andere; es kann sich also nur darum handeln, ob er als solcher bestehen kann und soll, oder ob es möglich ist, die genossenschaftliche Produktion von der Gründung an in der Form des Grofsbetriebes zu organisieren. Das erste finden wir häufig: die Blumenarbeiter von Brüssel, die Sabotiers von Cerfontaine, sogar die Steinmetzen von Huy, die keine Konkurrenz des Grofsbetriebes kennen und selbst mit wenig kostspieligen Produktionsmitteln auskommen, können ja weiter existieren und mit ihren kleinen Kapitalen sich behelfen. Schon den Schustern aber fällt es schwerer; diese kommen durch ihre Organisation technisch keinen Schritt vorwärts, ja Arbeiter, welche in grofsen Fabriken beschäftigt waren und alle Vorzüge des Grofsbetriebes kennen gelernt haben, werden zu konkurrenzunfähigen Handwerkern, die nur das ideale Recht der Selbständigkeit gewonnen haben. Ebenso steht es mit den Kesselschmieden, Konditoren u. a.: es ist ein technischer Rückschritt vom Grofs- zum Kleinbetrieb, der gleichzeitig immer einen socialen Rückschritt bedeutet. Solange also mit unbedeutenden Kapitalien angefangen wird, ist es eine naive Auffassung zu glauben, die Genossenschaft könne mit der Zeit zu einer höheren Betriebsform übergehen: in denjenigen Zweigen, wo das Gewerbe handwerksmäfsig betrieben wird, bleibt sie auch als Kleinbetrieb bestehen (wenn andere Gründe sie nicht früher zu Grunde richten), in denjenigen aber, wo der Grofsbetrieb vorherrscht, geht sie im Konkurrenzkampf mit ihm unter. Beides haben wir in den belgischen Genossenschaften beobachten können.

Eine andere Frage ist, wie sich die Entwickelung gestalten würde, wenn die Genossenschaft von Anfang an als Grofsbetrieb errichtet wäre. Das ist thatsächlich bei denjenigen der Fall, welche aus einer Privatunternehmung hervorgegangen sind (coopératives semi-patronales vor kurzem genannt). In Frankreich existieren Genossenschaften solcher Art (Phamilistère von Guise u. a.), in Belgien nicht.

Die beiden anderen Klagen — Mangel an Kundschaft und Organisation — werden auch in Belgien laut. Für die Kundschaft sorgt jetzt der neu gegründete Verband der socialistischen Genossenschaften, indem er die Konsumvereine in Beziehung zu den Produzentengenossenschaften bringt. Es ist hier oft mehr der Wunsch, Kameraden zu Hülfe zu kommen, als die Bethätigung wirtschaftlichen Selbstinteresses, der diese Einkäufe veranlafst. Die mangelhafte Organisation hängt oft von der ungenügenden Schulung der Arbeiter ab, deren vollständige Unkenntnis der Geschäftsleitung es ermöglichte, die Kesselschmiede von Baulet und die Steinbrecher von Sprimont um die grofsen Summen zu bringen, von denen schon gesprochen worden ist. Auch öftere Streite und Uneinigkeiten sind dadurch zu erklären.

Neben diesen allgemeinen Gründen findet man auch specielle. Als einen solchen möchten wir die nicht immer loyale Konkurrenz der Privatunternehmer bezeichnen. Auch die Konsumentengenossenschaft wird stark angefeindet, aber hier haben die Konkurrenten keine Möglichkeit, selbständig vorzugehen, und erwarten gewöhnlich Hülfe von anderen, hauptsächlich von der Gesetzgebung. Anders steht es mit den Produzentengenossenschaften; das Aufkommen einer solchen bedroht die Unternehmer des betreffenden Produktionszweiges direkt durch Gefährdung der Kundschaft, die deshalb versuchen, der Genossenschaft die Arbeitskräfte abzuschneiden. So sehen wir, dafs die Besitzer der Steinbrüche in Ecaussines den Mitgliedern der Steinmetzgenossenschaft keine Steine liefern wollen und dadurch das Weiterbestehen der Genossenschaft unmöglich machen; dafs die Konditoren in Brüssel einen Druck auf die gewerkschaftlich organisierten Arbeiter, die an der Genossenschaft beteiligt waren, ausübten, was die Lostrennung von Gewerkschaft und Genossenschaft zur Folge hatte, und noch andere Beispiele können angeführt werden. Dagegen müssen wir einer Auffassung widersprechen, welche in Belgien vertreten wird, und nach der an dem Scheitern der Produzentengenossenschaft die ungenügende Gewerkvereinsgesetzgebung die Schuld trägt. So meint Prof. de Greef: „die belgische Gesetzgebung, die den Gewerkschaften das Recht der juristischen Persönlichkeit nicht gewährt, ist ein unüberwindbares Hindernis zur Gründung von Produzentengenossenschaften; nur die Centralisation aller Mittel und Kräfte in demselben corps de métier könnte eine Entwickelung ermöglichen", und auch Bertrand äufsert sich dahin, dafs „Produktivgenossenschaften, welche wirklich genossenschaftlichen Prinzipien folgen wollen, nur mit Hülfe von Gewerkvereinen möglich sind"[1]. — Diese Auffassung ist sowohl theoretisch irrig, als auch praktisch widerlegt. Rein theoretisch sind beide Organisationen so grundverschieden voneinander, dafs sie nie ineinander aufgehen können: die eine erstrebt, die Arbeitsverhältnisse des Lohnarbeiters besser zu gestalten, die andere, ihn zum selbständigen Unternehmer zu machen[2]. Es kann sich also blofs um die Transformation einer gewerkschaftlichen Organisation in eine genossenschaftliche handeln. Die Erfahrungen zeigen uns die Unmöglichkeit einer solchen, und zwar dürfte diese Unmöglichkeit am wenigsten der Gesetzgebung zuzuschreiben sein. Gewöhnlich beginnt die Bethätigung genossenschaftlicher Bestrebungen innerhalb einer Gewerkschaft mit der Gründung einer Streikwerkstatt, — atelier de chômage — wo arbeitslose Mitglieder Beschäftigung finden: die Schuster in Brüssel, die Cigarrenarbeiter in Gent und viele andere Gewerkschaften Belgiens besitzen solche. Entwickelt sich das Unternehmen, so wollen die beteiligten Mitglieder allein die Vorteile geniefsen und gönnen der Gewerkschaft nicht die Gewinne, entwickelt es sich nicht, so fällt es der Gewerkschaft zur Last und schwächt ihre Kasse. Der günstigste Fall ist, dafs Gewerkschaft und Genossenschaft an dem Gewinne gleich interessiert sind dadurch, dafs dieser z. B. einer gemeinsamen Wohlfahrtseinrichtung dient, wie es in der Druckerei von Antwerpen geschieht. In solchen Fällen kann die Gewerkschaft der Genossenschaft behülflich sein, wie jede private Unterstützung, aber es ist nicht einzusehen, welchen speciellen Einflufs sie haben kann.

Mit der Behauptung — diese oder jene Wirtschaftsform scheitere an diesen oder jenen Hindernissen, es sei schwer, sie ins Leben zu rufen, weil zu viel Schwierigkeiten überwunden werden müssen, kann die Frage nicht abgethan

---

[1] Guellaume de Greef, Participation aux bénéfices etc.; Bertrand, o. c. Gelegentlich möchten wir bemerken, dafs ein neues Gesetz von 1898 die juristische Persönlichkeit der Gewerkvereine zwar anerkennt, diesen aber jegliche Handelsoperationen untersagt. Das Gesetz ist in Belgien so unpopulär, dafs der gröfste Teil der bestehenden Gewerkvereine es vorzieht, sich nicht anerkennen zu lassen.

[2] Ausführlich darüber vergl. David Schloss, Methods of industrial remuneration. Chapter: Relation between trade-unionism and cooperation, p. 227—238.

werden. Es muſs vielmehr untersucht werden, was eine Produzentengenossenschaft, wenn sie zur Entwickelung gelangt, ihren Mitgliedern leisten kann und wirklich leistet. Die belgischen Erfahrungen sind wenig belehrend: keine der von uns besprochenen Genossenschaften hat es bisher zu einer lebensfähigen und gesicherten Verfassung gebracht, und deshalb müssen Beispiele anderer Länder herbeigezogen werden. Hier kommt zuerst die Frage in Betracht, wieweit in einer ausgebildeten Produzentengenossenschaft das Genossenschaftsprinzip, die Verquickung von Arbeiter und Unternehmer, verwirklicht wird. Man hat versucht, die Genossenschaften nach dieser Richtung zu klassifizieren, ohne daſs diese Versuche aber glücklich genannt werden könnten. Miſs Potter unterscheidet unter den englischen: 1. solche, die den Verwaltungsausschuſs aus ihrer Mitte wählen und nur Mitglieder beschäftigen; 2. diejenigen, die sich einem lebenslänglichen Direktor oder Ausschuſsmitgliede unterworfen haben; 3. sich selbst regierende Arbeitergenossenschaften, welche Nichtgenossen als Arbeiter beschäftigen und thatsächlich kleine Arbeitgeber sind; 4. Genossenschaften, in denen Personen, welche nicht von der Genossenschaft beschäftigt werden, als Mitglieder das Kapital liefern. Hier wird ein wesentliches Merkmal — das Verhältnis von Mitgliedern und Nichtmitgliedern — neben ein anderes, rein formales, die Verschiedenheit der Verfassungsmethoden, gestellt, und damit kann keine einheitliche Klassifikation erzielt werden. Noch viel weniger zweckmäſsig ist die Einteilung der belgischen Produzentengenossenschaften von Bertrand. Er unterscheidet 1. solche Genossenschaften, in denen die Arbeit nur von Mitgliedern verrichtet wird; 2. in denen Arbeiter wie in Privatunternehmungen beschäftigt werden; 3. in denen nicht nur Mitglieder, sondern auch Angestellte am Gewinne beteiligt sind; 4. die vom Gewerkverein im Interesse desselben gegründet werden. Man sieht, daſs hier ein einheitliches principium divisionis vollständig fehlt, und die heterogensten Merkmale, wie Gewinnbeteiligung und Gewerkvereinsorganisation, zur Klassifizierung verwendet werden.

Vor kurzem hat Prof. Gide im Anschluſs an die französische Enquete die verschiedenen Typen auseinanderzuhalten versucht[1]. Er unterscheidet die Genossenschaften nach ihrer Gründungsart, aus der die weitere Entwickelung gefolgert wird. 1. **Association autonome**, wo das ganze Kapital von den in der Genossenschaft arbeitenden Mitgliedern beschafft wird; 2. **Association corporative**, welche von

---

[1] Vergl. Enquête sur les associations coopératives de production, Office du travail. Ch. Gide in: Revue d'économie politique, Janvier 1900.

Arbeitern, die demselben Beruf angehören — einem Gewerkverein — gegründet ist. 3. **Association semipatronale** — eine genossenschaftlich umgebildete Privatunternehmung. 4. **Association intégrale**, wo fremdes Kapital zu Hülfe gerufen wird und die Gewinne zwischen Arbeit und Kapital verteilt werden. — Diese Klassifikation scheint uns einheitlich und erschöpfend zu sein. Die verschiedenen hier erwähnten Prinzipien, welche der Konstituierung der Genossenschaften zu Grunde liegen, erklären auch ihre spätere Gestaltung. Alle Produzentengenossenschaften zerfallen in zwei große Gruppen: **solche, wo Mitglieder- und Arbeiterzahl zusammenfällt, und wo das nicht der Fall ist**, oder anders ausgedrückt: **es giebt Produzentengenossenschaften, an denen alle beteiligten Arbeiter und nur diese interessiert sind, und neben diesen giebt es andere, an denen entweder nicht alle beteiligten Arbeiter, oder an denen noch andere Personen interessiert sind als die beschäftigte Arbeiterzahl, oder bei denen beides der Fall ist.**

Die erste Form, die immer als „reine Form" gegolten hat, besteht gewöhnlich nur zu Anfang. Es ist schon oft ausgeführt worden, daß für den Fall einer größeren Entwickelung die Mitglieder sich abschließen, und weiter nötig werdende Kräfte durch Lohnarbeiter ersetzt werden; es bildet sich faktisch eine Art kapitalistisches Unternehmen, in dem die Inhaber mitarbeiten oder nur als Kapitalbesitzer sich beteiligen. Psychologisch ist eine solche Veränderung der Organisation leicht verständlich: es ist von vornherein klar, daß die Mitglieder, die oft ihrer Arbeit und Energie die Entwickelung ihres Unternehmens verdanken, nicht daran interessiert sind, ganz fremde Personen an den Erfolgen partizipieren zu lassen. Es soll damit keineswegs gesagt sein, daß aus der Genossenschaft etwas Minderwertiges wird; entschieden haben solche Arbeiteraktiengesellschaften viel zur Demokratisierung des Gewerbes beigetragen[1]. Aber Genossenschaften sind sie nicht, und sie können auch nicht unter denselben Gesichtspunkten wie diese betrachtet werden. Wenn die „association des lunetiers de Paris" 50 Mitglieder und 1200 Lohnarbeiter zählt, so kann sie, wie glänzend ihre Geschäfte auch sein mögen, nicht als Beispiel einer entwickelten Genossenschaft angeführt werden; der Satz: eine Produzentengenossenschaft nimmt mit fortschreitender geschäftlicher Entwickelung ein anderes inneres Wesen an, ist theoretisch leicht wahrscheinlich zu machen, praktisch durch Erfahrungen aller Länder bewiesen.

---

[1] Vergl. Herkner, Die Arbeiterfrage, 2. Aufl., S. 192—93; ebenfalls Miſs Potter.

Wir haben in Belgien keine Beispiele solchen Übergangs in kapitalistische Unternehmen gefunden, aus dem einfachen Grunde, weil für eine solche eine gewisse Entwickelung der Produzentengenossenschaften nötig ist, die in Belgien noch nicht erreicht ist. Höchstens wäre die Brauerei in Lüttich auf diesem Wege; die Schustergenossenschaft in Brüssel hat sich neulich für neue Mitglieder auch abgeschlossen, aber aus Gründen, die eher durch den Wunsch, die Genossenschaft zu erhalten, als sie zu zerstören, hervorgerufen sind. Die Äufserung, es würde ihnen künftig ebenso ergehen wie ihren älteren Brüdern in England und Frankreich, wird gewöhnlich mit Entrüstung zurückgewiesen; die Unmöglichkeit einer Abschliefsung wird mit den Worten: wir sind prinzipielle Genossenschafter, begründet. Die Steinbrecher von Avins haben sogar in ihren Statuten die Zahl der Anteile auf zwei pro Mitglied beschränkt, wodurch bei Erweiterung des Betriebes neue Arbeiter gleichzeitig auch Anteilbesitzer und damit Mitglieder werden können. Wenn, wie wir gesehen haben, fast in allen besprochenen Produzentengenossenschaften die Zahl der beschäftigten Lohnarbeiter die der beschäftigten Mitglieder übertrifft, so hat das vielfach noch einen anderen Grund als den der Abschliefsung im Interesse der Gründer. Diese Genossenschaften bringen nichts ein, die Anteile sind oft thatsächlich nur unverzinste Anleihen, und die Arbeiter, welche in der Genossenschaft arbeiten, sind sehr wenig daran interessiert, Anteile zu erwerben. Und dort, wo man die „reine" Form beibehalten hat, und wo nur Mitglieder beschäftigt sind, geht das auf den einfachen Grund zurück, dafs die Dividende nicht unter die Mitglieder verteilt wird und somit die ursprünglichen Mitglieder durch Vergröfserung der Mitgliederzahl keine Nachteile erleiden.

Wenn angestellte Lohnarbeiter gewöhnlich für die späteren Entwickelungsstadien der Produzentengenossenschaften charakteristisch sind, so sind viele aufserhalb der Genossenschaft stehende Mitglieder den Anfangsstadien eigentümlich. Auch hier sind Arbeiter- und Mitgliederzahl nicht gleich, aber aus ganz anderen Gründen. Im ersten, eben besprochenen Falle, sind arbeitende, der Genossenschaft nahe stehende Personen von deren Gewinnen ausgeschlossen; im zweiten werden im Gegenteil Personen, die nur Anteile gezeichnet haben, sonst aber mit der Genossenschaft in keine Berührung kommen, zur Gewinnbeteiligung herbeigezogen. Der erste Fall ist die Folge einer wachsenden Prosperität der Unternehmung und läfst kapitalistische Neigungen der Mitglieder stark zu Tage treten, der zweite beruht auf der Schwäche der Genossenschaft, welcher die nötigen Mittel fehlen, und die deshalb an Fremde appellieren mufs. — In Belgien gehören fast alle Produzentengenossenschaften zu dieser letzteren Art; die Mitgliederzahl übersteigt gewöhnlich ums Zehnfache die der Arbeiter. Es sind meist Gesinnungsgenossen, welche, ohne auf irgend einen Gewinn zu rechnen, die Anteile zeichnen. Oft werden diese sogar allmählich getilgt, so dafs die Beteiligung von Nichtfachgenossen nur eine bestimmte Zeit dauert. Diese Art von Mitgliedern sind für die Genossenschaft als Hülfsmannschaften eventuell von Bedeutung; da sie aber unter mehr philanthropischen als gewinnsüchtigen Motiven beitreten, so müssen diese Genossenschaften unter denselben Gesichtspunkten wie die zuerstgenannten behandelt werden. Sind aber alle Mitglieder ernstlich an den Gewinnen interessiert, so verändert sich das Bild. Wir haben eine Unternehmung, die mehr dem Copartnershipsystem, wo Arbeiter und Geldgeber gleich beteiligt sind, als dem genossenschaftlichen entspricht. Es ist sogar kürzlich in England und Frankreich versucht worden, nach diesem Typus Genossenschaften planmäfsig zu gründen. In Frankreich sahen die einen darin eine praktische Verwirklichung des Systems von Fourier (Kapital, Arbeit und Talent an Organisation und Vorteilen beteiligt), die anderen eine Verkümmerung des traditionellen Genossenschaftsprinzips[1]; praktische Vorzüge wurden andererseits darin erblickt, dafs bei grofser Mitgliederzahl „Mifstrauen, Streit und Uneinigkeiten viel weniger verhängnisvoll werden, als wo sämtliche Mitglieder in einer eigenen Werkstatt beschäftigt sind"[2]. Wir glauben, dafs dieser Vorzug durch grofse Nachteile beeinträchtigt wird. Wenn sich viele um eine Genossenschaft scharen, können die Vorteile des Einzelnen darunter nur leiden; es ist geradezu unverständlich, welchen Zweck eine Genossenschaft verfolgt, die 5—6 Arbeiter beschäftigt, und dabei 50—60 Mitglieder zählt. Die kleine Arbeiterzahl zeugt von dem unbedeutenden Betrieb, und man fragt sich nur, was jedes einzelne Mitglied davon haben kann. Wenn es z. B. der Gewerkverein ist, dem die Mitglieder eo ipso angehören, und ein gemeinnütziges Ziel verfolgt wird, so sind die Genossenschaftsmitglieder, wie schon angedeutet, nicht als solche, sondern als Mitglieder eines anderen Vereins an der Genossenschaft interessiert (Buchdrucker von Antwerpen). In den übrigen Fällen ist das Interesse der nicht mitthätigen Mitglieder unklar, und Genossenschaften, wie z. B. die der Tabakarbeiter in Brüssel oder der Weber in Elezelles sind absolut sinnlos. — So bestätigt die belgische Entwickelung die alte Erfahrung, dafs die Produzentengenossenschaften sich nicht gedeihlich entwickeln. Theoretische Erwägungen und das Vorbild anderer Länder zeigen, dafs, wo eine Entwickelung

---

[1] Vergl. Gide, o. c.
[2] Vergl. Häntschke, Die Produktivgenossenschaften.

stattfinden könnte oder auch wirklich stattfindet, es eben keine Produzentengenossenschaften sind oder werden. —

Die Gründer der belgischen Produzentengenossenschaften haben auch öfter praktische Vorteile im Auge als die Verwirklichung abstrakter Prinzipien: höherer Lohn, kürzere Arbeitszeit wird erstrebt, und man stellt sich zufrieden, wenn dieses erreicht wird. Die letzte französische Enquete hat gezeigt, daſs durchschnittlich die Mitglieder der Produzentengenossenschaften nicht viel mehr verdienen als gutbezahlte Arbeiter, wobei man bedenken muſs, daſs sie gewöhnlich zur Elite der Arbeiterklasse gehören[1]. In Belgien wurden in allen Genossenschaften höhere Löhne eingeführt; die Cigarrenarbeiter von Alost erhalten 1 fr. pro Tag mehr als die in Privatfabriken beschäftigten; die Buchdrucker in Lüttich arbeiten trotz höheren Lohnes eine Stunde weniger, als es dort üblich ist; die Tischler, die Blumenarbeiter, die Steinmetzen, alle sind in besseren Arbeitsverhältnissen. Aber in vielen Fällen liegt nur eine Täuschung vor. Dort, wo die Genossenschaften unter der Konkurrenz leiden, fällt es ihnen ungemein schwer, die Arbeitsverhältnisse besser zu gestalten, und wo dieses geschieht, ist es oft auf Kosten der Genossenschaft selbst. Was haben die Steinbrecher von Barse von ihren höheren Löhnen, wenn die Erträge so gering sind, daſs die Unkosten nicht gedeckt werden können und das Geschäftsjahr mit einem Deficit schlieſst? Wir führen zur Illustration folgende Tabelle an:

| Jahrgänge | Löhne und andere Ausgaben fr. | Verkaufserlös fr. | Gewinne fr. |
|---|---|---|---|
| 1894—1895 | 6 500 | 5 300 | — 1200 |
| 1895—1896 | 21 300 | 20 200 | — 1100 |
| 1896—1897 | 31 070 | 29 420 | — 1650 |
| 1898—1898 | 29 460 | 29 005 | — 455 |
| 1898—1899 | 43 220 | 42 100 | — 1220 |
| 1899—1900 (9 Monate) | 37 950 | 42 680 | + 4730 |

Ebenso erging es den Kesselschmieden; nachdem sie beträchtliche Verluste erlitten hatten, wurde der Entschluſs gefaſst, solange die Geschäftslage sich nicht verändert, niedrigere Löhne zu beziehen. Und was haben die Blumenarbeiter von ihren höheren Löhnen, wenn sie als Unternehmer

---

[1] Der Durchschnittsverdienst bei 5000 solcher Arbeiter betrug pro Jahr: 1410 fr. Lohn und 290 fr. Dividende, was einen täglichen Verdienst — bei 300 Arbeitstagen — von kaum 6 fr. ausmacht.

das verlieren, was sie als Arbeiter gewinnen. Ebenso steht es mit den Cigarrenarbeitern und vielen anderen.

Es ist schon zu einem allgemeingültigen Satz geworden, daſs der technische Fortschritt die Voraussetzung günstiger Arbeitsverhältnisse ist. Die Gewerkvereine verfolgen als Ziel eine Besserung der Arbeitsverhältnisse. Wir glauben, die Produzentengenossenschaften pfuschen nur den Gewerkvereinen ins Handwerk, wenn sie sich dasselbe Ziel setzen; handelt es sich bloſs darum, die Lohnsätze höher zu stellen oder die Arbeitszeit zu verkürzen, so ist ein starker Gewerkverein immer in höherem Grade imstande, das zu erreichen, als eine schwache Genossenschaft, und schwach ist diese letztere immer, solange sie wirklich Genossenschaft ist. Wenn es den starken Konsumvereinen oft schwer fällt, in ihren Produktionsateliers bessere Arbeitsverhältnisse einzuführen, weil die Konkurrenz zu stark ist (wir sprechen natürlich von solchen Konsumvereinen, die an der Gestaltung des Arbeitsverhältnisses ein Interesse haben), wie wollen es die schwachen Produzentengenossenschaften durchführen? In Mons ist die Buchdruckerei gegründet worden, weil die Lohnverhältnisse durch die schwache Gewerkvereinsorganisation wenig gehoben wurden; es sind auch thatsächlich dort höhere Löhne eingeführt, aber gleich darauf klagt der Jahresbericht, daſs die Gewinne deshalb so unbedeutend seien. Die Stärkung des Gewerkvereins hätte entschieden bessere Folgen gehabt und wäre einer gröſseren Arbeiterzahl zu gute gekommen. Damit wollen wir nur sagen: die Genossenschaft, deren einziges Ziel es ist, für ihre Mitglieder bessere Arbeitsverhältnisse zu schaffen, ist selten in der Lage, dieses durchzuführen, während sich für die nämlichen Zwecke die langbewährte Gewerkvereinsorganisation als viel erfolgreicher erwiesen hat.

## IV. Einfluſs der Genossenschaften auf Kleingewerbe und Detailhandel.

Die Entwickelung der belgischen Konsumentengenossenschaften versetzte die Detailhändler in groſse Aufregung. Schon in den 80er Jahren, als nur die Beamten-Konsumvereine gegründet wurden, fanden die Klagen der Händler Gehör bei den regierenden Kreisen, und den Beamten wurde der Verkauf an Nichtmitglieder verboten. Später wurde dann Sturm gegen Volksapotheken und Bäckereien gelaufen. Den Kampf, welchen die Hülfskassen zur Erhaltung ihrer Apotheken geführt, haben wir schon kennen gelernt. Dank einem späteren hülfskassenfreundlichen Ministerium ist es ihnen gelungen, das Gesetz von 1894 zu umgehen; eine ministerielle Erklärung, welche am 20. Juli 1899 in der Kammer abgegeben wurde, ging dahin, daſs eine Hülfskasse, welche ausschlieſslich aus Mitgliedern einer genossenschaftlichen Apotheke besteht, also nur formal etwas anderes darstellt, alle den Hülfskassen gewährten Privilegien genieſst. Aber der Kampf mit den Volksapotheken hört nicht auf, und ein neues Projekt liegt vor, welches sie vollständig aufheben will. — Was die genossenschaftlichen Bäckereien und Läden betrifft, so dauert der Kampf gegen sie schon lange. Bereits Prof. Waelbroek, der bei Gelegenheit der Beratung des belgischen Genossenschaftsgesetzes von der belgischen Regierung beauftragt wurde, die französischen und deutschen Genossenschaften kennen zu lernen, schrieb in seinem Bericht: „Der Kleinhandel ist dort im Verschwinden, und von einer Reform im Interesse der Armen wird das Schicksal anderer Armen bedrängt." Dieses Schicksal schien auch in Belgien Besorgnis einzuflöſsen. Im Jahre 1890 hatte sich die Kammer gelegentlich eines Antrages von Smet de Nayer und Genossen mit der Frage der Besteuerung der Genossenschaften zu beschäftigen; der Antragsteller ging davon aus, daſs die belgischen Steuergesetze, die von 1879 datieren, für die Gegenwart veraltet seien[1]; eine Revision

---

[1] Annales parlamentaires, chambre, séance 25. novembre 1890.

dieser Gesetze sei aber von der gröfsten Tragweite, weil eine veränderte Besteuerung das Wahlrecht wesentlich modifizieren würde, und deshalb könne eine solche nur von der Regierung ausgehen; aus diesem Grunde begnüge sich der Antrag mit einer dringenden Frage, der Besteuerung der Konsumvereine und Grofsbazare, indem er damit den Beschwerden des Kleinhandels Linderung verschaffen wolle. Das Gesetz von 1879 kennt eine Umsatzsteuer, die aber nur bis zu einem Maximum von 265000 fr. graduiert sei; dies entspreche nicht mehr dem gegenwärtigen Stande der Entwickelung, der Umsätze von Millionen kenne. Abgesehen von dieser veralteten Progression hätten die Steuerbeamten, obwohl es keine gesetzliche Bestimmungen gebe, welche Genossenschaften von der Steuer befreien, irrtümlicherweise diejenigen Genossenschaften, welche nur an Mitglieder verkaufen, von der Steuer freigelassen, die übrigen würden entweder nach dem gesamten Verkaufserlös oder nur nach der Summe, welche durch Verkauf an Nichtmitglieder erzielt werde, besteuert. Die Genossenschaften seien unzweifelhaft Handelsgesellschaften, und bei der Beratung des Gesetzes von 1873 sei festgestellt worden, dafs es keinen Unterschied ausmache, ob sie nur an Mitglieder verkaufen oder nicht. Denselben Standpunkt teilte auch die commission centrale. Sie hob ganz besonders die Brotfabrikation hervor, die in den letzten Jahren ganz besondere Veränderungen erfahren hätte; die kleinen Bäckereien hätten sich in Brotfabriken verwandelt, und als solche müfsten sie besteuert werden. — Über die Anträge wurde kaum diskutiert, aufser dem Minister und dem Antragsteller meldete sich niemand zum Wort (Sitzung vom 18. Juni 1891). Die Regierung teilte mit, dafs sie an einer Steuerreform arbeite, die dem Sinne des Antrags vollkommen entspreche, und dieser wurde darauf einstimmig angenommen. —

In dem darauf ergangenen Gesetz vom 6. Juli 1891 kam hauptsächlich der Gedanke zum Ausdruck, dafs eine Genossenschaft eine Handelsgesellschaft sei, ganz gleichgültig, ob sie an Nichtmitglieder verkaufe oder nicht, und dafs sie deshalb denselben Steuergesetzen unterliege wie die übrigen Unternehmungen (métiers, professions, commerces, industries). Die Ladenhändler sind in 17 Klassen eingeteilt (letzte Klasse mit einem Umsatz bis 2120 fr., erste mit einem solchen von 265000 bis 300000 fr.); bei einem Umsatz von über 300000 fr. wird noch eine Steuer von 75 fr. für je 50000 erhoben. Als Brotfabriken werden alle diejenigen Bäckereien angesehen, deren Öfen 10 qm betragen, oder welche fünf und mehr Arbeiter beschäftigen. —

Nach Inkrafttreten des Gesetzes wuchsen die von den Genossenschaften gezahlten Steuersummen sehr stark; der „Vooruit" hatte sogleich anstatt 933 fr. 5488 fr. zu zahlen, die „Maison du Peuple" anstatt 500 fr. 5000 fr. etc. Der belgische Genossenschaftskongrefs von 1894 beschlofs, die Regierung zu ersuchen, wenigstens diejenigen Genossenschaften, die nur an Mitglieder verkaufen, von der Steuer zu befreien; bis jetzt sind aber keine Ausnahmen gemacht worden.

Aber auch die Kleinhändler gaben sich nicht zufrieden. Am 21. Dezember 1896 wurde dem Gouverneur von Ostflandern eine Bittschrift überreicht, in der ein Gesetz verlangt wird, welches die Entwickelung der Genossenschaften hemmen könnte. Besonders laut wurden die Klagen auf dem jüngsten „Kongresse der kleinen Bourgeoisie" in Antwerpen. Mit Entrüstung wird dort von Beamten-Konsumvereinen gesprochen; Staatsbeamte, welche Handel und Industrie fördern sollen, hätten ihre Pflicht und Schuldigkeit vergessen und Konsumvereine gegründet; sie begnügen sich nicht, Artikel des Hausbedarfs an ihre Mitglieder zu verkaufen, sondern eignen sich allmählich alle Handelszweige an[1]. Diese Konsumvereine sollten überhaupt verboten und die genossenschaftliche Organisation nur den Arbeitern überlassen werden. Aber auch die Thätigkeit dieser solle beschränkt werden; sie solle nur an Mitglieder verkaufen, die Dividende nicht in Bons verteilen, welche zu weiteren Einkäufen in der Genossenschaft zwingen, sondern in bar etc. Mit einem Worte, wir finden hier eine getreue Abbildung der Vorgänge anderer Länder. Man erinnere sich nur der Angriffe, die in Deutschland Mitte der 80er Jahre begannen, als die Bedeutung der Konsumvereine immer wuchs und ihre Tendenz erst klar wurde. Überall entstanden da kaufmännische Vereine. Man appellierte an den Staat und beschwerte sich, abgesehen von der Konkurrenz, über Verkauf an Nichtmitglieder, Steuerbefreiung etc.[2]. Jetzt, wo diese Beschwerden Gehör gefunden haben, sind die Klagen dennoch nicht verstummt.

Wendet man sich zu den Thatsachen, die zeigen könnten, inwieweit die Klagen der Kleinhändler berechtigt sind, so mufs bemerkt werden, dafs Mangel an statistischem Material die Antwort in hohem Mafse erschwert. Vieles scheint übertrieben und unrichtig. Wenn die Apotheker z. B. behaupteten, sie litten zu sehr unter der Konkurrenz der Volksapotheken, da sie ihren Preisherabsetzungen nicht folgen könnten, so befinden sie sich hier im Widerspruch mit sich selbst, denn gleichzeitig behaupteten sie, die hohen von den Volksapotheken gezahlten Dividenden rührten von den hohen Preisen her. Die Zahl der Privatapotheken wächst übrigens ganz erheblich und sie dürften

---

[1] Congrès international de la petite bourgeoisie. Bruxelles 1899. 1ière question. Les sociétés coopératives des fonctionnaires.

[2] Dr. Knittel, Beiträge zur Geschichte des deutschen Genossenschaftswesens, S. 104.

sich gegenseitig viel mehr Konkurrenz machen als sie unter der der Genossenschaften leiden. Es bestanden Apotheken:

| Jahrgänge | Bruxelles | Gent | Lüttich | Antwerpen |
|---|---|---|---|---|
| 1882 | 166 | 43 | 47 | 57 |
| 1898 | 313 | 91 | 114 | 122 |

Während die Volksapotheken in Bruxelles 1897 eine Kundschaft von 5500 Personen hatten, kam auf eine Privatapotheke im Durchschnitt eine solche von 1000 Personen. Die Volksapotheken erzielten in diesem Jahre einen Gewinn von 54000 fr.; wenn dieser unter die 300 Privatapotheken verteilt wäre, käme auf jede 188 fr., was doch keine Bedeutung hat [1]. —

Ebenso ungerechtfertigt sind auch andere Klagen: Man beschwert sich über illoyale Konkurrenz, Nichtbefolgung gesetzlicher Bestimmungen, was doch am wenigsten den Kleinhandel schädigt. — Dagegen kann nicht verkannt werden, dafs die kleinen Bäcker kaum die Konkurrenz der „Brotfabriken" aushalten können, wie auch seit einiger Zeit aus verschiedenen Städten Klagen kommen, dafs Privatbäckereien geschlossen werden. In Gent gab es 1888 327 Bäcker, 1897 war diese Zahl auf 267 reduziert, obgleich die Bevölkerung in dieser Zeit fast um 10 % gestiegen ist [2]. In den verschiedenen Berichten wird darauf hingewiesen, dafs im Bäckergewerbe ein vollständiger Niedergang herrsche, der Lohn sinke und die Zahl der Arbeitslosen wachse. Professor Pyfferoen, der Hauptkämpfer für die Erhaltung des Mittelstandes, hat ausgerechnet, dafs während der Periode von 1851—1881 das Einkommen der Arbeiterklasse um 59 %, das des Mittelstandes blofs um 37 % gestiegen ist, das der wohlhabenden Klassen sogar um 30 % gesunken sei [2].

Die schwierige Lage des Bäckergewerbes findet hauptsächlich in der Revolutionierung des Gewerbes durch den maschinellen Betrieb seinen Grund, und da es die Genossenschaften waren, welche zuerst die neuen Öfen und die Knetmaschinen eingeführt, richten sich alle Klagen des untergehenden Handwerks gegen sie. Später haben sich grofse Aktienbäckereien gebildet, die ebenfalls die mechanische Pro-

---

[1] S. Rede vom Abgeordneten Bertrand in der Kammersitzung vom 20. Januar 1898.
[2] Pyfferoen, La petite bourgeoisie, und: Les coopératives en Belgique, Réforme sociale, 1899, I und IV.

duktion betreiben und vielfach den Kampf mit den Konsumvereinen aufnehmen, der den letzteren namentlich zu Anfang ihres Bestehens vielleicht nicht weniger schwer fällt als der der kleinen Bäckereien mit den Genossenschaften. In Brüssel legten sich diese Aktienbäckereien allerlei Namen zu, wie z. B. „Boulangerie Nationale" etc., welche den Schein erwecken sollten, als handele es sich um kein kapitalistisches Privatunternehmen. In Gent gewährt z. B. der „Volksbelang", eine Aktienbäckerei, dieselben Vergünstigungen wie der „Vooruit". Jetzt, wo die Genossenschaften erstarkt sind und die Konkurrenz ihnen nicht mehr gefährlich ist, leiden die kleinen Bäckereien unter einem doppelten Druck. Diese Thatsache braucht als solche gar nicht geleugnet zu werden und wird auch von den Führern der Genossenschaften nicht bestritten; es fragt sich, welche Konsequenzen können daraus gezogen werden? Mag man das Verschwinden der zu Grunde gerichteten Existenzen beklagen oder darin einen Fortschritt erblicken — ist ja noch vor kurzem dem Generalreferenten auf der letzten Generalversammlung des Vereins für Socialpolitik vorgeworfen worden, er empfinde bei diesem Verschwinden „eine gewisse Schadenfreude" —, eins steht fest: Mafsnahmen gegen die Konsumvereine finden in dieser Thatsache des Unterganges kleiner, seither selbständiger Existenzen noch lange nicht ihre Berechtigung. „Den Beamten die Mitgliedschaft bei Konsumvereinen zu verbieten, ist eine Forderung, die etwa auf der gleichen Höhe mit einem Gebote für die Beamten stehen würde, sich nur der Droschken und keiner Pferdebahnen zu bedienen", sagt mit Recht Dr. Crüger. Die Frage scheint so klar zu sein, dafs gewisse Forderungen nur durch blinden Schrecken diktiert werden können. Der Unwille, mit dem man den Genossenschaften gegenübersteht, erinnert nur zu sehr an den Hafs der Arbeiter gegen neue Maschinen, der bei deren Einführung zu Ausschreitungen und Zerstörungen führte. Der Ersatz, den die neuen wirtschaftlichen Organisationen für den von ihnen gestifteten Schaden schaffen, besteht nicht nur in den Vorteilen, welche sie ihren Mitgliedern gewähren. Wenn z. B. in Belgien geklagt wird, die Löhne der kleinen Bäckereien sinken, so kann doch nicht verkannt werden, was gerade die genossenschaftlichen Bäckereien für die Lohnverhältnisse gethan haben. Es handelt sich hier um einen technisch-wirtschaftlichen Fortschritt, die Vorbedingung für weiteren socialen Fortschritt. Und wenn allzu orthodoxe Socialisten sich in dieser Frage an die Seite ihrer Gegner stellen, indem sie behaupten, die Kleinhändler, welche von den Genossenschaften ruiniert werden, sänken zu Lohnarbeitern herab und vergröfsern dadurch die industrielle Reservearmee[1], so verkennen sie dabei

---

[1] Vergl. Jules Guesde, Le socialisme au jour le jour, 1899.

die Thatsache, daſs bei Verbilligung der Artikel durch die Konsumvereine der Konsum wächst und die Produktion gröſser wird, dadurch also neue Arbeitsgelegenheit geschaffen wird. —
Die rückständigen Formen der alten Wirtschaft verschwinden unter dem Drucke der neuen; das Handwerk kämpft mit dem Groſsbetrieb, der Kleinhandel mit den Groſsbazaren. Verschiedene socialpolitische Maſsnahmen suchen die Leiden der niedergehenden Existenzen zu erleichtern; das ist aber auch alles, was sie können. Die Entwickelung einer neuen Wirtschaftsform hemmen, damit die alte bestehen bleibe, heiſst die Gesetze der socialen Entwickelung vollständig verkennen.

---

Wir haben die beiden Hauptarten der gewerblichen Genossenschaften kennen gelernt. Das Ergebnis, zu dem wir gelangt sind, bestätigt auch für Belgien, was für andere Länder seit nicht zu langer Zeit festgestellt worden ist: die Entwickelungsfähigkeit der Konsumentengenossenschaften und die Lebensunfähigkeit der Genossenschaften von Produzenten. Die Hoffnungen der Genossenschaftsführer der fünfziger und sechziger Jahre sind nicht in Erfüllung gegangen, die „ideale" Form hat sich nicht bewährt. Aber noch mehr; diese Form ist auch gar nicht „der Gipfelpunkt des Systems". Während diejenigen Organisationen, welche den Interessen der Konsumenten dienen, eine wirkliche Socialisierung der wirtschaftlichen Verhältnisse erreichen, sind die Genossenschaften von Produzenten ihrem Wesen nach nur einzelnen Personen von Nutzen. Während die ersteren zur Verbesserung der modernen wirtschaftlichen Technik beitragen, indem sie den Absatz regulieren, lassen die anderen die vernichtende Konkurrenz bestehen. Und während schlieſslich die Entwickelung der Konsumentengenossenschaften eine Entwickelung vom Kleingewerbe zur Groſsindustrie darstellt, bedeutet die Gründung jeder neuen Produzentengenossenschaft eine Vergröſserung der Zahl von untergehenden Kleinbetrieben. —
Wenn man mit Recht jetzt den Satz aufgestellt hat, diejenige Form der Genossenschaft hätte sich am besten entwickelt, in der die ideale Form nicht verwirklicht worden ist, so muſs gleichzeitig hinzugefügt werden, daſs die nach den Anschauungen der fünfziger Jahre ideale Form eine solche gar nicht ist.

Printed by Libri Plureos GmbH
in Hamburg, Germany